Joël Pommerat

Die Wiedervereinigung der beiden Koreas

Joël Pommerat

Die Wiedervereinigung der beiden Koreas

Theaterstück

Aus dem Französischen
von Isabelle Rivoal
Mit einem Vorwort von Oliver Reese
und einem Essay von Gerhard Willert

MERLIN
THEATER

INHALT

OLIVER REESE

Joël Pommerat und die Leichtigkeit

Joël Pommerat ist wie kein anderer mir bekannter Theaterkünstler beides zugleich, beides gleich gewichtig, mit verschwimmenden beziehungsweise gar nicht vorhandenen Grenzen: Autor und Regisseur. Ich habe keine Ahnung, wie er das macht, wenn er eine neue Kreation erarbeitet, aber ich bin mir sicher: Ohne das tiefe Vertrauen in die Schauspieler, die Schauspieler seiner eigenen Truppe, der *Compagnie Louis Brouillard*, ginge das nicht – ein Stück zu erfinden und es zu inszenieren.

Ich habe viele Inszenierungen von Joël Pommerat gesehen, bevor ich mich traute, ihn um ein Gespräch zu bitten. Es fand statt vor einer Aufführung von *La Réunification des deux Corées* im Pariser Atélier Berthier des Odéon Theaters, und zwar unter erschwerten Umständen: Die Übersetzerin war überraschend von einem Virus schachmatt gesetzt worden, wir mussten ohne sie auskommen. Mein Französisch ist noch schlechter als Joëls Englisch – trotzdem haben wir uns gut verstanden. Und ich habe bald begriffen, dass ich diesen Mann nicht erfolgreich dazu verführen kann, an meinem Theater zu inszenieren. Zu besonders sind seine Arbeitsbedingungen, zu sehr eingeschworen auch auf die regelmäßige Arbeit mit seinen Schauspielern, denen er geradezu lebenslängliche Treue mit einer alljährlichen, gemeinsamen Arbeit geschworen hat. Und doch war mein Besuch nicht erfolglos – irgendwann kam seine freundliche Aufforderung: „Aber spielt doch meine Stücke, das würde mir gefallen!"

Pommerats Schreiben ist durchdrungen von Theater: Er weiß, was das Theater braucht, und er weiß, was es kann. Darum weiß er auch, wie er das Theater besonders herausfordern muss. Die Wiedervereinigung der beiden Koreas ist dafür ein wunderbares Beispiel. Pommerat schüttet ein Füllhorn von Geschichten über dem Zuschauer aus, die alle ein Thema umkreisen – so altmodisch, so schön, so immer gültig: Liebe, was ist das eigentlich?

Dass gerade zu diesem Komplex schon alle Geschichten erzählt worden sind, auch das weiß der lebenskluge Joël Pommerat natürlich – und lässt sich dadurch nicht abhalten. Ganz im Gegenteil, er gibt einen gewissen Eklektizismus unumwunden zu – und verweist selbst auf Schnitzler oder Ingmar Bergmann, auch Edward Albee wäre zu nennen. Sein Kaleidoskop ist eine Verneigung vor diesen großen Erzählern, souverän erscheinen Motive ihrer Werke inmitten von Geschichten, an denen ganz gewiss auch das Leben mitgeschrieben hat, das des Regisseurs und Autors und das seiner Spieler und, ich vermute, Co-Erfinder.

Die Wiedervereinigung der beiden Koreas ist eigentlich ein ganz altmodisches Stück Theater – hier werden die Tugenden von Situation und Konflikt, Figur, Rolle und Dialog gepflegt, als gäbe es das Gespenst der Postdramatik gar nicht. Geschichten werden erzählt, nicht mehr und nicht weniger. Und natürlich dadurch doch viel mehr, denn Pommerat will sie ja einfangen, die Liebe oder das, was davon übrig ist, in diesen unseren selbstzweifelnden, ungläubigen Zeiten. Joël Pommerat erweist sich dabei tatsächlich als Romantiker (darf man das sagen?), denn gerade weil er diese an der Liebe verzweifelnden Figuren erzählt, wird sein inniger Glaube an dieses größte unserer Gefühle so spürbar.

Die Wiedervereinigung der beiden Koreas ist ein politisch unkorrektes Stück. Eine längst Verlassene darf hier den unzuverlässigen Mann in Schutz nehmen. Die womöglich von ihrem Chef missbrauchte Frau darf hier auch über die positiven Auswirkungen der letzten Nacht sprechen. Das behinderte Mädchen darf auf sein Recht auf Liebe und Geburt pochen – und gibt dabei die größte Liebeserklärung im ganzen Stück ab. Auch der Lehrer, der einen Schüler in seinem Bett untergebracht hat, nimmt für sich das Recht auf Liebe in Anspruch. Was für ein Coup! Ja, auch das Leben (und besonders die Liebe) sind nicht politisch korrekt, gerade darum ist dieses Seelendrama auch ein Stück politisches Theater. Im Kleinen, im Intimen oft oder mindestens im Privaten, entdeckt Pommerat den Sprengstoff für das große Ganze. Zum Beispiel in der Freundschaft zweier Männer, die sich lange kennen und deren Streit darum so archaisch wird, hier spitzt Pommerat zugleich gesellschaftlich zu. Eigentlich sehen wir regelrecht einen Krieg entstehen! In einer anderen Szene wird aus der Auseinandersetzung eines Paares über den Kriegsdienst des Sohnes tatsächlich ein Kriegsszenario ihrer Beziehung. Und so könnte man fast jede Szene durchdeklinieren – es offenbart sich immer die andere Ebene.

In Zeiten der Textflächen und der standardisierten Gruppen-Besetzungen, bei denen alle Schauspieler gleichförmig alle Figuren spielen und manches Stück mehr exekutieren als aufführen, beweist Joël Pommerat die Lust an einem ureigenen Modus des Theaters, der Wandelbarkeit seiner Schauspieler. Sowohl seine Pariser Uraufführung als auch unsere Frankfurter *Deutsche Erstaufführung* kamen mit neun Schauspielern aus, um die Personnage von insgesamt über 50 Figuren – Pommerat schreibt so schön lebensnah „Männer und Frauen" – zu verkörpern. Die Zuhilfenahme von Perücken und Brillen (wenn man mag), aber mehr noch der ganzen Palette unterschiedlichen menschlichen Ausdrucks ist ein Fest für Schauspieler. Durch sie gewinnt das Theater die Kraft der Überraschung und Menschendarstellung zurück.

Obwohl Pommerat selbst Regisseur ist, ist sein Text offen für ganz andere Darstellungsweisen – ich habe seine eigene Inszenierung bewundert, in der er zwischen einem Publikum auf zwei Seiten die Szenen weit auseinanderzieht im leeren Raum, sie jeweils mit starkem Soundteppich und wenigen markanten Requisiten akzentuiert, inklusive rasanter Übergänge im Black. In Frankfurt sind wir am Ende bei einer fast diametral anderen Inszenierung gelandet. Auf weitere darf man gespannt sein, sie werden folgen, weil es nicht viele Stücke gibt mit einem theatralen Potenzial wie diesem.

Manche Szenen haben wir im Laufe der Arbeit in drei oder vier völlig verschiedenen Varianten geprobt – ein untrügliches Zeichen für Tiefe und Qualität der Vorlage. Ja, Pommerat erzählt auch mit Pathos, das ist vielleicht sehr französisch, aber dieses Pathos ist immer geerdet und gekontert durch etwas im Theater mittlerweile verdammt Seltenes: Humor! *Die Wiedervereinigung der beiden Koreas* ist tatsächlich auch eine Komödie – und ein Stück in der Schwebe. Darum berührt es so. Ich habe noch nie so viele Mails mit Zuschauerbekundungen erhalten wie bei dieser Aufführung. Denn dieses Stück belehrt uns nicht – es spricht zu uns. Es ist intim, sein Autor scheint uns zu kennen – und wir erkennen, wovon er uns erzählt. *Die Wiedervereinigung der beiden Koreas* handelt von unserem Leben.

Joël Pommerat

DIE WIEDERVEREINIGUNG DER BEIDEN KOREAS

*Für Saadia Bentaïeb, Agnès Berthon, Yannick Choirat,
Philippe Frécon, Ruth Olaïzola, Marie Piemontese,
Anne Rotger, David Sighicelli und Maxime Tshibangu,
die mich beim Schreiben dieses Textes begleitet haben.*

FIGUREN

SIEBENUNDZWANZIG FRAUEN
VIERUNDZWANZIG MÄNNER
JEMAND, DER SINGT

1 – SCHEIDUNG

Ein unbestimmter Ort.
Eine Frau um die Fünfzig im Mantel antwortet einer unsichtbaren Gesprächspartnerin.

DIE WEIBLICHE STIMME: Wie lange sind Sie verheiratet?
DIE FRAU: Seit zwanzig Jahren.
DIE WEIBLICHE STIMME: Sind Sie berufstätig?
DIE FRAU: Ich bin immer nur „Hausfrau" gewesen, wie man so schön sagt.
DIE WEIBLICHE STIMME: Wie viele Kinder haben Sie?
DIE FRAU: Drei. Sie sind groß. Sie sind aus dem Haus.
DIE WEIBLICHE STIMME: Sie sind also allein.
DIE FRAU: Nein, ich habe meinen Mann.
DIE WEIBLICHE STIMME: Selbstverständlich. Ist er viel zu Hause?
DIE FRAU: Nein, er ist im Schuldienst.
DIE WEIBLICHE STIMME: Warum wollen Sie sich scheiden lassen?
DIE FRAU: Es gibt keine Liebe zwischen uns.
DIE WEIBLICHE STIMME: Aber Sie sind schon so lange verheiratet. Ist es schon immer so gewesen oder ...
DIE FRAU: Schon immer.
DIE WEIBLICHE STIMME: Und jetzt, wo Ihre Kinder ein eigenes Leben führen, wollen Sie gehen? Ist es so?
DIE FRAU: Mein Mann ist ein guter Mensch. Ich habe ihm nichts vorzuwerfen. Er war ein ausgezeichneter Vater. Wir haben uns nie gestritten. Wir haben eine schöne Wohnung. Wir hören beide gerne Kammermusik und wir sind Mitglied in einer Kammermusikgruppe. Wir spielen also Kammermusik.
DIE WEIBLICHE STIMME: Das klingt aber alles sehr gut.
DIE FRAU: Ja, schon. Aber es gibt keine Liebe zwischen uns. Es hat sie nie gegeben.
DIE WEIBLICHE STIMME: Verzeihen Sie meine Frage, aber haben Sie jemand Neues kennengelernt?

DIE FRAU: Nein.

DIE WEIBLICHE STIMME: Und Ihr Mann?

DIE FRAU: Nicht, dass ich wüsste.

DIE WEIBLICHE STIMME: Wird es nicht etwas einsam für Sie werden?

DIE FRAU: Doch, ich glaube schon. Aber mir ist diese Einsamkeit lieber als das Fehlen von Liebe.

DIE WEIBLICHE STIMME: Wie äußert sich dieses Fehlen von Liebe?

DIE FRAU: Es äußert sich überhaupt nicht.

DIE WEIBLICHE STIMME: Haben Sie Ihrem Mann gesagt, dass Sie die Scheidung wollen?

DIE FRAU: Ja, natürlich. Schon vor fünfzehn Jahren habe ich ihm gesagt, dass ich nicht mehr mit ihm zusammenleben will, weil es keine Liebe zwischen uns gibt. Er war sehr verständnisvoll. Er bat mich nur zu warten, bis die Kinder groß sind. Jetzt sind sie alle drei groß und haben das Haus verlassen. Also kann ich mich endlich scheiden lassen.

DIE WEIBLICHE STIMME: Und was sagt Ihr Mann dazu?

DIE FRAU: Er hat mich gebeten, es mir noch einmal zu überlegen. Er hat mich hundertmal gefragt, was da zwischen uns nicht klappt. Ich habe ihm geantwortet, dass es unmöglich ist, weiterzumachen, wenn es keine Liebe gibt. Da hat er mich gefragt, worin diese Liebe denn bestehen sollte. Und ich habe ihm geantwortet, dass ich das nicht wüsste, denn wie soll man etwas beschreiben, was man nicht kennt.

DIE WEIBLICHE STIMME: Aber das ist ja furchtbar.

DIE FRAU: Es ist furchtbar. Was mir passiert, ist wirklich eigenartig. Meine Sinne, ich meine Tastsinn, Sehvermögen, Gehör, fangen an, mich im Stich zu lassen. Ich kann zum Beispiel sagen, dass dieses Zimmer groß ist. Aber was ich dabei empfinde, ist eigentlich abstrakt. Und so ist es mit allem. Mit Musik, Düften, Gesichtern von Leuten, ihren Stimmen. Alles wird immer ärmer, immer stumpfer.

DIE WEIBLICHE STIMME: Ich glaube, das Beste wäre, wenn Sie das Einverständnis Ihres Mannes zur Scheidung erhielten.

DIE FRAU: Mein Mann sagt, dass er sich um meinetwillen weigert, weil ich es bereuen würde.

DIE WEIBLICHE STIMME: Und Sie sind fest entschlossen?

DIE FRAU: Ich habe keine Wahl. Verstehen Sie, was ich meine?

DIE WEIBLICHE STIMME: Ja, ich glaube.

Schwarz.

2 – EIN TEIL VON MIR

Zwei Frauen sitzen nebeneinander, ihnen gegenüber, etwas weiter weg, ein Mann.

ERSTE FRAU: Du bist so erbärmlich.

ZWEITE FRAU: Scheiße bist du, Scheiße.

ERSTE FRAU: Nein, das ist nicht wahr.

ZWEITE FRAU: Du sagst es.

ERSTE FRAU: Was?

ZWEITE FRAU: „Nicht wahr". „Das ist nicht wahr", wir sind nicht „wahr", du und ich, und du bist daran schuld. Ich war bereit, ich weiß es. Etwas Wahres mit dir zu erleben, wahr zu sein, etwas zu tun, was wahrhaftig ist. Aber du bist es nicht und du willst es nicht zugeben.

ERSTE FRAU: Wer kann schon sagen, er sei wahr, wahrhaftig wahr?

ZWEITE FRAU: Ich.

ERSTE FRAU: Du bist wahr, du?

ZWEITE FRAU: Ja.

ERSTE FRAU: Wie kannst du das wissen?

ZWEITE FRAU: Weil man einfach nicht daran zweifeln darf.

Ich hatte keine Zweifel, ich hatte keine Zweifel. Nein! Ich habe schon deshalb keine Lust zu zweifeln, weil ich keine Zeit zu verlieren habe.

ERSTE FRAU: Dann weißt du also, was du jetzt zu tun hast!

ZWEITE FRAU: Ja, ich weiß es.

ERSTE FRAU: Warum schaffen wir es nicht, uns einfach zu trennen, in Ruhe, so wie die anderen?

ZWEITE FRAU: Weil du dazu nicht fähig bist, ganz einfach.

ERSTE FRAU: Lass uns aufhören.

ZWEITE FRAU: Nein.

ERSTE FRAU: Bitte, hör mir mal zu.

ZWEITE FRAU: Nein, jetzt aufzuhören ist zu leicht, zu leicht, zu einfach. Hör auf, wenn du willst, aber ich nicht, ich hör nicht auf, weil ich nicht kann. Ich kann nicht, weil das zwischen dir und mir, das ist für mich wahr, verstehst du. Es ist wahr und nicht falsch, wahr! Ich bin wahr und also habe ich keine Wahl, aber das verstehst du nicht.

ERSTE FRAU: Aber das ist ja schrecklich.

ZWEITE FRAU: Ja, du bist schrecklich, so wie du zu sein, ist schrecklich. Du tust mir leid.

ERSTE FRAU: Halt die Klappe.

ZWEITE FRAU: Nein, ich bin wahr, ich bin wahr, und deshalb spreche ich, werde ich immer sprechen, weil ich wahr bin.

ERSTE FRAU: Du bringst mich um.

ZWEITE FRAU: Na, dann krepier doch, aber leider glaube ich, dass du dazu gar nicht fähig bist. Das ist nur so dahingesagt von dir, nur so dahingesagt, nichts dahinter. Wieder einmal wärst du unfähig zu sterben, einfach so für uns, für mich. Für dich ist Liebe nur ein Spiel, ein Gesellschaftsspiel, mit dem man sich die Zeit vertreibt, das ist alles.

ERSTE FRAU: Du erschreckst mich.

ZWEITE FRAU: Du kanntest mich eben nicht.

ERSTE FRAU: Ich glaube, ich hasse dich und du tust mir leid.

ZWEITE FRAU: Ich hasse dich auch.

ERSTE FRAU: Dann lass uns bitte auseinandergehen.

ZWEITE FRAU: Nein, niemals.

ERSTE FRAU: Warum nicht?

ZWEITE FRAU: Weil es nicht möglich ist.

ERSTE FRAU: Wieso nicht?

ZWEITE FRAU: Du musst mir erst zurückgeben, was mir gehört.

ERSTE FRAU: Was dir gehört?

ZWEITE FRAU: Ja, sonst lasse ich dich nicht los.

ERSTE FRAU: Was dir gehört?

ZWEITE FRAU: Alles, was da drin ist *(sie zeigt auf die Brust der anderen)* und mir gehört.

ERSTE FRAU: Wo?

ZWEITE FRAU *(nähert sich der anderen, legt ihr die Hand auf ihre Brust)*: Da. Alles, was du da in dir aufbewahrst ... von mir ... diesen Teil von mir ... in dir ... den ich dir gegeben habe ... Ich will, dass du ihn mir zurückgibst ... bevor wir eines Tages auseinandergehen, du und ich ... Wenn du ihn mir nicht zurückgibst, dann lass ich dich nicht los.

ERSTE FRAU: Du machst mir Angst.

ZWEITE FRAU *(stürzt sich mit Gewalt auf die erste Frau, so als ob sie ihre Hand in sie hineinstoßen wollte)*: Ich kann uns nicht mehr ertragen, dich, mich ... das alles. Aber vorher sollst du mir das, was mir gehört, zurückgeben ... das, was du in dir aufbewahrst.

ERSTE FRAU *(versucht, sich zu befreien)*: Du bist wirklich verrückt.

Der Mann ist plötzlich aufgestanden und versucht, die erste Frau zu beschützen. Der Kampf zwischen den dreien dauert bis zum Schluss der Szene.

ZWEITE FRAU: Gib ihn mir zurück, bitte, los, mach schon ... Gib mir diesen Teil von mir zurück, den du in dir herumträgst.

ERSTE FRAU: Ich kann nicht.

ZWEITE FRAU: Du hast etwas in dir, das mir gehört. Es gehört mir, gib es mir zurück.

ERSTE FRAU: Du bist verrückt.
ZWEITE FRAU: Du bist die Verrückte, los! Gib es mir.

Schwarz.

3 – GROSSREINEMACHEN

In einer leeren Lagerhalle wischt eine Frau im Halbdunkel den Boden. Fünf Meter über ihr hat sich ein Mann erhängt. Allem Anschein nach hat sie ihn nicht bemerkt.

ERSTE PUTZFRAU: Ist doch Wahnsinn. Die müssen das doch reparieren, Scheiße.
ZWEITE PUTZFRAU *(kommt mit einer Taschenlampe herein)*: Das ist nicht das erste Mal, dass hier der Strom ausfällt. Die glauben wohl, wir sind Fledermäuse. *(Sie entdeckt den hängenden Körper. Ruft)* Nicole!
ERSTE PUTZFRAU *(immer noch am Arbeiten)*: Was denn?
ZWEITE PUTZFRAU: Komm mal zu mir. Leg den Schrubber weg.
ERSTE PUTZFRAU *(dreht sich zur zweiten Putzfrau um)*: Was ist los?
ZWEITE PUTZFRAU: Komm zu mir.

Die erste Putzfrau sieht den Körper, der über ihr hängt. Rennt panisch zur zweiten.
Pause.

ZWEITE PUTZFRAU: Wer ist das?
ERSTE PUTZFRAU: Komm, wir rufen an ...

Die zweite Putzfrau geht in Richtung Körper.

ERSTE PUTZFRAU: Was machst du?

ZWEITE PUTZFRAU *(nähert sich dem Körper mit der Taschenlampe)*: Wer ist dieser Kerl? Das ist Wahnsinn, hierher zu kommen, um so was zu machen.
ERSTE PUTZFRAU: Spinnst du?
ZWEITE PUTZFRAU *(beleuchtet den Körper und erkennt ihn)*: Ach, du Scheiße! Wo ist Corinne?
ERSTE PUTZFRAU: Was erzählst du da?
ZWEITE PUTZFRAU: So eine blöde Sau! Lass uns anrufen.

Corinne kommt mit einem Eimer und einem Besen herein.

CORINNE: Wie weit seid ihr? Ich hab's wirklich satt. Was macht ihr? Was ist los? Seid ihr fertig?
ZWEITE PUTZFRAU: Nein.

Corinne, die den herabhängenden Körper nicht bemerkt hat, bleibt unter ihm stehen. Sie stellt Eimer und Besen ab.

CORINNE: Was macht ihr denn für Gesichter? Echt, wenn wir so weitermachen, fliegen wir noch raus. *(Ironisch, nüchtern. Holt ein Päckchen Zigaretten aus ihrer Tasche)* Mir ist es doch egal, ob ich rausfliege, ich krieg eh bald Unterhaltsgeld.
ZWEITE PUTZFRAU *(mit Unbehagen)*: Ach ja!?
CORINNE: Schwachsinn, der würde nie was zahlen. Gestern hat der ganz schön doof geguckt, als der Richter ihm die Summe genannt hat. *(Kurze Pause.)* Der hat nicht geglaubt, dass ich die Scheidung durchziehe.

Das Licht in der Lagerhalle geht an. Corinne steht unter dem hängenden Körper und bemerkt ihn nicht. Sie zündet sich eine Zigarette an.

CORINNE: Mal geht er, mal geht er nicht. Schlimm, was hier mit dem Strom los ist.
ERSTE PUTZFRAU *(versucht, Corinne unter dem Körper wegzu-*

ziehen): Komm, Corinne, lass uns gehen.

CORINNE: Gehen? Warum?

ERSTE PUTZFRAU: Wir müssen mit dir sprechen.

CORINNE *(überrascht)*: Worüber? Gehen wir raus? Machen wir nicht fertig?

ERSTE PUTZFRAU: Wir gehen erst mal ein bisschen raus.

CORINNE: Worüber wollt ihr sprechen?

ERSTE PUTZFRAU: Nicht hier. Draußen.

CORINNE: Geht's um Patrice ...? Hat er euch angerufen ...? Hat er gesagt, dass er die Kinder umbringt? Ich weiß, das hat er mir auch schon gesagt.

ERSTE PUTZFRAU UND ZWEITE PUTZFRAU *(beunruhigt)*: Ach ja??

CORINNE: Meine Kinder sind bei meiner Schwester, sie hat mich gerade angerufen ... Worüber wollt ihr mit mir sprechen??

ERSTE PUTZFRAU: Über was Bestimmtes, aber nicht hier.

CORINNE: Wenn er euch gesagt hat, dass er mit der erstbesten Schlampe zusammenziehen will, dann weiß ich das auch.

ERSTE PUTZFRAU: Ist dir jetzt alles nur noch scheißegal?

CORINNE: Ich weiß, dass er das nur erzählt, um mich zu ärgern.

ZWEITE PUTZFRAU: Nach alldem, was du mit dem Kerl durchgemacht hast.

ERSTE PUTZFRAU *(zieht Corinne zum Ausgang)*: Komm, Corinne, wir gehen raus.

CORINNE *(setzt sich von den anderen angetrieben in Bewegung)*: Ich glaube ehrlich gesagt nicht, dass er es schafft, sich eine Neue zu suchen. Er hat nicht geglaubt, dass ich das durchziehe, also steckt er jetzt schön in der Scheiße und das wird ihm zu schaffen machen ... Das ist eine Art Strategie, die ich mir überlegt habe ... Etwas durchzuziehen, das ist Strategie ... Jetzt, mit etwas Abstand, wird er mal nachdenken. Ihm wird die ganze Scheiße klar werden, die er da angerichtet hat. Er wird verstehen, er wird verstehen, was los ist ... Er ist sehr weit gegangen ... Wenn er mal richtig nachgedacht hat und wenn er von dieser Situation genug hat, dann wird er sich verändern müssen und dann ... wird wieder alles möglich sein ...

ZWEITE PUTZFRAU *(verdutzt)*: Wie bitte?

CORINNE: Wir werden wieder zusammenleben, aber anders ... Nicht so wie jetzt ... Sondern so, wie wir am Anfang waren ... Wie früher ... als er noch nicht so wie jetzt war ... Ich weiß, wie es weitergehen wird ... Also scheißegal, ob wir noch sechs Monate oder ein Jahr getrennt und geschieden sind ... Er ist mein Patrice, meine große Liebe, genauso wie ich weiß, dass ich seine große Liebe bin ...

ERSTE PUTZFRAU *(heftig)*: Corinne, du hast uns doch dauernd gesagt, dass du es nicht mehr aushältst mit ihm.

CORINNE *(setzt ihren Gedanken fort)*: ... ich stelle mir vor, ich weiß, es ist doof, dass wir, sobald wir uns wiedergefunden haben und er sich verändert hat, wieder heiraten werden ... Wir werden noch größer heiraten, als das erste Mal, weil die Liebe noch schöner ist, wenn sie schwierig ist. Die Liebe ist noch schöner, wenn sie kompliziert ist, wenn man sich bewähren muss ... Er wird mich wieder fragen und wir werden es tun ...

Die zweite Putzfrau, etwas abseits von Corinne, wirft einen langen, tragischen Blick auf den herabhängenden Körper.

CORINNE: Aber Achtung ... Es läuft nach meinen Regeln, nicht nach seinen ... Und zwar weil ich sie so bestimme, und nicht weil er mit seinen beschissenen Erpressungen kommt. Weil er sich wirklich verändert haben wird.

Die drei Frauen verlassen die Lagerhalle. Aus dem Off:

CORINNES STIMME: Er wird wieder sein wie am Anfang, wie ganz am Anfang, ganz, ganz am Anfang ... Als alles schön war ... Keine Kompromisse in diesem Punkt ... auf keinen Fall ...

STIMME EINES MANNES *(zu den drei Frauen)*: Sind Sie fertig?

Stimme der ersten Putzfrau: Ja, alles in Ordnung.
Stimme eines Mannes: Ich schaue mir das gleich an.
Stimme der zweiten Putzfrau: Nein nein, nicht nötig.

Schwarz.

4 – TRENNUNG

Es ist Sommer. Ein Paar geht in der Dunkelheit spazieren. Man hört in der Ferne ein Feuerwerk und Musik. Es könnte ein Dorffest sein. Die Silhouette eines Mannes erscheint hinter dem Paar.

Erster Mann *(im Gehen, zur Frau)*: Komisch, nie hast du Lust, mit den Leuten zu sprechen, die ich sympathisch finde.
Die Frau *(im Gehen)*: Ach ja? Du fandest du diese Leute sympathisch?
Erster Mann: Machst du dich lustig über mich?
Die Frau: Nein. Ich war nur ein bisschen müde.
Zweiter Mann: Guten Abend!!

Das Paar bleibt stehen, dreht sich zur Stimme.

Zweiter Mann: Guten Abend, Muriel.
Die Frau: Ja?? Wer ist da?
Zweiter Mann: Ich lasse dich noch ein paar Sekunden nachdenken, wenn du willst.
Die Frau: Kennen Sie mich?
Zweiter Mann: Natürlich! Und ich glaube, du kennst mich auch.
Die Frau *(erkennt den Mann, erschüttert)*: Das kann nicht sein ... Ich träume ... Was ist das denn? Was ist das jetzt für eine Geschichte!!

ZWEITER MANN: Das mag etwas überraschend sein, mich hier zu treffen, kann ich mir vorstellen.

DIE FRAU: Das kann nicht sein!

ZWEITER MANN *(sehr berührt)*: Entschuldige, ich konnte dich nicht einfach so hier auf dem Weg vorbeigehen lassen. Ohne dich anzuhalten, ohne dich anzusprechen.

ERSTER MANN *(zur Frau)*: Du sagst nichts mehr? *(Zum zweiten Mann)* Jedenfalls machen Sie Eindruck auf sie.

DIE FRAU *(zum ersten Mann)*: Wir kennen uns von früher, es ist sehr lange her.

ERSTER MANN: Ach ja.

DIE FRAU *(zum ersten Mann)*: Wir haben nie darüber gesprochen, du und ich.

ERSTER MANN: Nein, ich glaube nicht, ich würde mich daran erinnern.

DIE FRAU *(noch immer erschüttert)*: Ich wusste nicht, wie ich mit dir darüber sprechen soll, es ist eine Geschichte aus der Kindheit.

ERSTER MANN: Ach ja? Macht nichts, man muss sich ja nicht alles erzählen.

DIE FRAU: Ja, aber nein. Ich hätte gerne mit dir darüber gesprochen, aber ich wusste nicht, wie.

ERSTER MANN: Macht nichts. *(Zum zweiten Mann)* Entschuldigen Sie, was genau machen Sie hier? Sind Sie aus der Gegend? Oder in den Ferien?

ZWEITER MANN: Nein nein, ich habe auf Muriel gewartet. Das ist alles.

ERSTER MANN: Sie haben darauf gewartet, dass Muriel diesen Weg langgeht? Um elf Uhr abends? Aber wie wussten Sie denn, dass sie hier langgehen würde??

ZWEITER MANN: Ich wusste, dass Sie hier langgehen würden, also habe ich auf Sie gewartet.

ERSTER MANN: Was soll der Quatsch!! *(Zur Frau)* Entschuldige, Muriel. Ist mir völlig egal, du sprichst, mit wem du willst, du machst, was du willst mit deinem Leben. Außerdem sind wir nicht verheiratet. Aber ich will jetzt nicht wie ein Volltrottel behandelt werden.

DIE FRAU: Ich kann dir die Situation nicht besser erklären.

ERSTER MANN: Habt ihr euch verabredet? Kein Problem.

DIE FRAU: Red keinen Blödsinn.

ERSTER MANN: Dann erkläre mir das mal besser! Erkläre mir, was ich machen soll. Ich kann nach Hause gehen, wenn du willst.

DIE FRAU: Nein nein, geh nicht weg. Lass mich nicht allein.

ZWEITER MANN *(kommt näher, zum ersten Mann)*: Entschuldigung, ich möchte etwas klarstellen: Zwischen Ihrer Frau und mir war nichts. Nur eine Kinderliebe, Kinderkram, das ist alles. Das Wesentliche hat in unseren Köpfen stattgefunden, glaube ich.

ERSTER MANN: Das ist nicht meine Frau.

ZWEITER MANN *(kommt immer näher, zur Frau)*: Muriel. Ich bin hierhergekommen, damit du mit mir kommst, so wie wir es ausgemacht haben.

DIE FRAU: Ich verstehe überhaupt nichts mehr.

ZWEITER MANN: Möchtest du nicht, dass wir jetzt gehen?

DIE FRAU: Wo willst du jetzt mit mir hingehen? Ich verstehe nicht, wie du hier vor mir stehen kannst. Ich werde komplett verrückt.

ERSTER MANN *(zum zweiten Mann)*: Was wollen Sie jetzt genau? Ich verstehe Sie nicht so ganz. Ich bezweifle nicht, dass ihr eine große Geschichte hattet, ihr zwei, aber wie auch immer, wenn sie keine Lust hat, mit Ihnen mitzugehen, dann müssen Sie sie auch in Ruhe lassen.

ZWEITER MANN: Ich glaube nicht, dass sie keine Lust hat, mit mir mitzugehen.

DIE FRAU *(energisch)*: Nein, ich habe keine Lust und ich habe große Angst vor dir.

ZWEITER MANN: Es gibt keinen Grund, Angst vor mir zu haben, und ich kann mir nicht vorstellen, dass du all deine Wünsche begraben hast, es sei denn, du sagst nicht die Wahrheit.

DIE FRAU *(regt sich auf)*: Das Leben, das ich habe, passt mir sehr gut ... In meinem wirklichen Leben habe ich dich vergessen und in dem anderen bist du immer bei mir, und mehr brauche ich nicht.

ZWEITER MANN *(regt sich ebenfalls auf)*: Das kann nicht wahr sein, was du da sagst; ich glaube dir nicht, das sind Kompromisse, die du da eingehst in deinem Kopf ... Du bist schon richtig verbittert, ich kann es ja spüren. Frag ihn mal, er merkt es auch und er leidet sogar darunter, er ist unfähig, dich glücklich zu machen. Dieser Mann wird deine Sehnsüchte nie erfüllen können, er weiß das und kann nichts dagegen tun.

ERSTER MANN: Der Typ ist völlig durchgeknallt.

ZWEITER MANN: Es tut mir ehrlich leid, wenn das, was ich sage, Sie verletzt. Muriel, zögere nicht länger und lass uns jetzt gehen.

Er nimmt ihren Arm und zieht sie mit sich.

ERSTER MANN: Lassen Sie sie los!! Das reicht! Sie haben gehört, was sie gesagt hat, sie will nicht mitgehen.

ZWEITER MANN: Komm mit mir.

DIE FRAU: Du solltest nicht hier sein.

ZWEITER MANN: Sehnsucht ist stärker als Erklärungen.

ERSTER MANN: Hört jetzt auf, das reicht. *(Zur Frau)* Du könntest aber auch deutlicher mit ihm sein!! Ihr verdreht euch gegenseitig den Kopf. *(Zum zweiten Mann)* Hören Sie jetzt auf, sie zu bedrängen, Ihr Verhalten ist absolut respektlos, trotz Ihrer gemeinsamen Vergangenheit haben Sie nicht das Recht, sie so zu bedrängen ... Sie ist meine Lebensgefährtin und im Moment ist sie die Frau meines Lebens ... Meines Lebens, nicht Ihres Lebens.

ZWEITER MANN: Was heißt „im Moment"? Sie sind sich nicht ganz sicher?

ERSTER MANN: Sag mal, geht's noch bei Ihnen?? Sie sind total krank. Komm, wir hauen ab, Muriel, ich kann nicht mehr.

Er will gehen. Die Frau rührt sich nicht.

ERSTER MANN: Was machst du? Was machst du?
DIE FRAU *(zum ersten Mann, ohne ihn anzuschauen)*: Entschuldige, ich werde vielleicht etwas machen, was du nicht verstehst.

Die Frau und der zweite Mann gehen zusammen los.

ERSTER MANN: Das heißt?
DIE FRAU *(sehr emotional, lässt sich vom zweiten Mann mitziehen)*: Ich werde vielleicht nicht mit dir nach Hause gehen ...
ERSTER MANN: Spinnst du?
DIE FRAU: ... und ich werde dich verlassen.
ERSTER MANN: Ich träume wohl.
DIE FRAU: Auf einmal ist es stärker als meine Angst, also werde ich gehen. Ich werde mit ihm gehen. Ich werde es versuchen. Ich schwöre dir, ich verstehe nichts von dem, was hier vorgeht. Nimm es einfach an, es gibt keine wirkliche Erklärung, da ist nur diese Lust, die ist sehr groß, sehr stark.
ERSTER MANN: Aber das geht doch nicht, ihr seid total verrückt, das kann ich nicht zulassen! So ist das Leben nicht!! So entscheidet man das nicht, Muriel.

Er versucht, sie einzuholen. Das Paar ist in der Dunkelheit verschwunden.

DIE STIMME DER FRAU: Ich weiß, es ist vielleicht ein Irrtum.

Man hört ein heftiges Stimmengewirr; ein erbitterter Kampf zwischen den dreien.

ERSTER MANN: Aber nein.
DIE FRAU *(zum ersten Mann)*: Lass mich.
ZWEITER MANN: Lassen Sie sie.

ERSTER MANN: Nein.
DIE FRAU: Ich bitte dich, lass mich.
ERSTER MANN: Aber nein.

Man hört noch etwas Kampfgeschrei, dann eine große Stille. Der Mann kommt zurück, er trägt die Frau in seinen Armen. Er legt sie auf den Boden. Eine lange Pause.

DIE FRAU *(kommt zu sich)*: Ich danke dir, dass du mich zurückgehalten hast, dass du mich nicht gehen lassen hast. Ich danke dir so, du kannst dir gar nicht vorstellen, wie sehr ich dir danke, dass du mich nicht verlassen hast.
ERSTER MANN: Du dankst mir?
DIE FRAU: Ja, ich danke dir. Ja, du hast mich zurückgehalten und hast ihn verscheucht.
ERSTER MANN: Aber was da passiert ist, Muriel, ist völlig unbegreiflich, ist dir das klar? Hätte ich dich gehen lassen, wärst du gegangen.
DIE FRAU *(steht auf)*: Ja, ich weiß ... Komm, lass uns nach Hause gehen, ich erzähle dir alles, was es zu erzählen gibt. Das hätte ich schon vor Langem tun sollen.
ERSTER MANN: Es ist demütigend, Muriel, was da passiert ist ... Wer bin ich denn für dich? Ein Rettungsring? An dem du dich festhältst, um nicht unterzugehen?
DIE FRAU: Komm, lass uns jetzt nach Hause gehen.
ERSTER MANN: Es läuft alles nicht sehr gut zwischen uns, Muriel. Das sehe ich und das spüre ich.
DIE FRAU: Was spürst du?
ERSTER MANN: Du bist bereit, mich für den Erstbesten zu verlassen.
DIE FRAU: Das war nicht der Erstbeste.
ERSTER MANN: Das habe ich wohl verstanden.
DIE FRAU: Nein, das meine ich nicht ... diese Person ist nicht lebendig ... diese Person ist tot.
ERSTER MANN: Hör auf, ich habe für heute Abend genug gehört.

DIE FRAU: Diese Person ist nicht wie wir, wie du, wie ich. Diese Person gibt es seit sehr langer Zeit nicht mehr. Verlass mich nicht.
ERSTER MANN: Du machst dich weiterhin über mich lustig. *(Er geht los, in Richtung des Festes)* Ich lass es, ich gehe. Geh nach Hause, wenn du willst, aber warte lieber nicht auf mich, überhaupt, warte nicht mehr auf mich, das ist vielleicht besser so. Glaube ich.

Er geht.

DIE FRAU *(unter Tränen)*: Verlass mich nicht, bitte.

Schwarz.

5 – HOCHZEIT

Christelle (die Braut), Caroline, Marie-Ève, Myriam und Nathalie (Christelles Schwestern), Christian (der Bräutigam) und Myriams Mann.
Ein Flur im Standesamt. Christelle, im Brautkleid, und Christian gehen auf den Trauungssaal zu. Caroline kommt und rennt sehr aufgeregt hinter den beiden her.

CAROLINE *(zu den beiden)*: Christelle, bleib stehen!
CHRISTIAN *(dreht sich um)*: Was denn?
CHRISTELLE *(dreht sich um)*: Was ist jetzt schon wieder los?
CAROLINE: Ihr könnt das nicht machen, das geht nicht.
CHRISTELLE: Du ... Was?? Was geht nicht??
CAROLINE: Ihr könnt nicht heiraten, ich habe lange nachgedacht ... Ich kann nicht ...
NATHALIE: Was soll das nun wieder, Caroline??
CHRISTELLE: Und warum, bitte schön??

CAROLINE: Christelle, ich glaube, dir ist nicht ganz klar, was du mir da gerade antust.

CHRISTIAN: Was?

CHRISTELLE: Hör mal zu, Caroline, es ist etwas sehr Ernstes, was sich heute in meinem Leben ereignet.

CAROLINE: Ich weiß sehr wohl, dass es ernst ist. Es geht auch um mein Leben ... Ich glaube, ich werde es nicht überleben, wenn ihr das, was ihr vorhabt, durchzieht.

CHRISTELLE: Was??

CHRISTIAN: Was soll der Irrsinn??

CHRISTELLE: Du hast uns den Großteil unseres Familienlebens verdorben ... Aber heute geht das nicht, es ist meine Hochzeit ... Ich bring dich um, wenn du mit dem Scheiß nicht aufhörst.

CAROLINE: Ich schwöre dir, Christelle, es ist kein plötzliches Hirngespinst. Ich meine es ernst, ich kann wirklich nicht anders ... Ich bitte dich um einen schwesterlichen Gefallen, für deine Zwillingsschwester, heiratet nicht!! Ich werde es nicht ertragen können. Du kannst dir nicht vorstellen, wie schmerzhaft das für mich sein wird, wenn ihr zusammenzieht ...

CHRISTELLE: Bist du in Christian verliebt??

CAROLINE: Ja, wahnsinnig, und er liebt mich auch ... Wahnsinnig. Ich weiß es, ich spüre es.

CHRISTIAN: Na, aber hallo, was soll das denn!!

CHRISTELLE: Und das kommt heute raus?? Sagst du das, um mich fertigzumachen?

CAROLINE: Ich hab versucht, mich zusammenzunehmen, ich schwöre es dir. Aber ich kann nicht, das geht über meine Kräfte, ich schaffe es nicht ... Ich will nicht, dass ihr heiratet, allein die Vorstellung ist unerträglich! Das geht gegen die Naturgesetze!! Das ist schlimm!! Er liebt mich auch. Er liebt mich genauso, wie ich ihn liebe.

CHRISTIAN: Aber das ist nicht wahr, die spinnt wie noch nie ...

CAROLINE: Beschimpf mich nicht, Christian, bitte.

NATHALIE: Sie rastet völlig aus.

CAROLINE: Ich weiß, dass die Situation für dich nicht einfach ist, aber beleidige unsere Liebe nicht.

CHRISTIAN: Aber was erzählst du da? Das ist völliger Quatsch ...

MARIE-ÈVE *(kommt herein, panisch)*: Was ist los?? Ist was nicht in Ordnung?

CHRISTELLE: Caroline ist dabei, meine Hochzeit kaputtzumachen.

NATHALIE: Lass uns in Ruhe, Caroline ... Heute können wir nichts für dich tun! Das ist sehr, sehr schlimm, was du da machst. Wenn du diesen Moment in Christelles Leben verdirbst, wird dir das niemand in dieser Familie je verzeihen.

CAROLINE: Offensichtlich versteht ihr überhaupt nichts.

CHRISTIAN: Entschuldigung, es geht mich ja doch etwas an, ich würde gerne etwas sagen ...

CHRISTELLE: Sag mal, seit wann bist du in Christian verliebt?

MARIE-ÈVE: Sie ist in Christian verliebt?

NATHALIE: Ja, anscheinend ... Damit hätte man rechnen können ... Ich war mir sicher, dass sie uns heute was aufführen würde.

MARIE-ÈVE *(zieht Christelle zum Trauungssaal)*: Aber verdammt noch mal, kümmert euch doch nicht um sie, sie will nur ihre Show abziehen. Da drüben fragen sich alle, was hier abgeht. Los jetzt, kommt schon.

CAROLINE: Scheiße, du enttäuschst mich auch, das hätte ich nicht gedacht.

Christelle geht wieder auf Caroline zu, die anderen folgen ihr.

CHRISTELLE: Sie hat mir das ganze Leben vermasselt, dieses Mädchen, und heute macht sie weiter.

CAROLINE: Heute bist du es, die mein Leben vermasselt!!

CHRISTELLE: Ich vermassel dein Leben?

CAROLINE: Ja, du willst mir den Mann, den ich liebe, wegnehmen und du stellst dich vor meinen Augen mit ihm zur Schau.

CHRISTELLE *(platzt)*: Aber seit wann liebst du denn Christian??
CAROLINE: Seit wir ganz klein sind, seit immer schon!
CHRISTELLE: Seit ihr ganz klein seid??
CAROLINE: Ja.
CHRISTIAN: Quatsch.
NATHALIE: Aber das ist doch völliger Quatsch, warum diskutieren wir?!
CHRISTELLE: Na gut, akzeptiert, aber heute liebe ich ihn, und er, er liebt mich. Zum Beweis heiraten wir.
NATHALIE: Aber warum diskutierst du denn??
CAROLINE: Heiraten ist kein Beweis ... Wer sagt dir, dass er dich wirklich liebt und nicht mich?
CHRISTELLE: Frag ihn halt!
CHRISTIAN: Aber warum diskutierst du mit ihr, obwohl die Gäste auf uns warten?!
CAROLINE: Versuch nicht auszuweichen, Christian.
CHRISTIAN: Ich halte das alles nicht mehr aus!!
CHRISTELLE: Christian hat mich gewählt und es tut mir leid für dich, ich wusste nicht, dass du ihn heimlich liebst.
CAROLINE: Er liebt mich auch.
CHRISTIAN: Aber das ist nicht wahr.
CAROLINE: Dann beweise mir, dass du sie liebst und nicht mich.
CHRISTIAN: Ich heirate deine Schwester und nicht dich.
CAROLINE: Das ist kein Beweis, wie viele Leute heiraten aus Not oder um ihr Wort zu halten, das sie zum Beispiel irgendwann besoffen gegeben haben. Aber du liebst mich und das weißt du ganz genau.
CHRISTIAN: Aber was erzählt sie da??
CAROLINE: Dann beweise mir, dass du sie liebst!! Ich höre ... *(Kurze Pause.)* Beweise mir, dass du sie mehr liebst als mich. Wenn du das schaffst, schwöre ich dir, euch danach in Ruhe zu lassen.
CHRISTIAN: Aber ich werde dir überhaupt nichts beweisen, das ist reiner Wahnsinn ... Du bist wahnsinnig, Caroline, das ist alles.
CAROLINE: Natürlich kannst du mir überhaupt nichts be-

weisen ... Das ist der Beweis ... Aber ich wusste es ... Du liebst mich, das spürt man, weißt du ...

NATHALIE: So, jetzt wird es ganz schlimm!! Das ist ein Riesenausraster.

CAROLINE: Und der Beweis ist, dass wir uns geküsst haben, du hast mich geküsst. *(Zu den anderen)* Er hat mich geküsst ...

CHRISTELLE: Wie bitte??

NATHALIE: Wie bitte?

CHRISTIAN: Wie, ich hab dich geküsst?

MARIE-ÈVE: Sie ist verrückt!!

CAROLINE: Wie, ich bin verrückt, haben wir uns nicht geküsst, Christian? Hast du mich nicht geküsst??

CHRISTIAN: Du bist wirklich absolut ekelhaft und widerlich und vor allem spinnst du total.

CAROLINE: Aber lüge ich?? Ist es wahr oder ist es nicht wahr, dass wir uns geküsst haben??

CHRISTIAN: Willst du alles zerstören, ja?

CAROLINE: Ich will nicht, dass du mein Leben kaputtmachst und deines auch.

CHRISTELLE *(zu Christian)*: Habt ihr euch geküsst?

CHRISTIAN: Aber nein!

CAROLINE: Du bestreitest es? Was für ein Spiel spielst du, Christian? Warum lügst du? Warum willst du dich so aufopfern, indem du Christelle heiratest, wo du sie doch nur wie eine Freundin magst und nicht liebst. Und wo du vor allem Mitleid mit ihr hast, wie du mir gesagt hast. Weil sie in ihrem Leben so gelitten hat, mit ihrem vorigen Mann.

CHRISTELLE: Aber du bist ja wirklich abscheulich!!

CAROLINE: Ist es nicht wahr, Christian??

CHRISTELLE: Scheiße, das kann nicht wahr sein! Was passiert hier mit mir?? Diese Schwester ist ein Alptraum!! Du bist ein echter Alptraum!! Du bist mein Alptraum, das kann ja nicht wahr sein!! Willst du mich umbringen? Willst du mich zerstören, willst du meinen Tod?

CAROLINE: Entschuldige, wenn ich dir wehtue, aber in der

Liebe sollte nicht der normale Verstand sprechen, glaube ich, sondern etwas anderes. Christian heiratet dich, weil er dich nicht enttäuschen und dir nicht wehtun will, aber insgeheim will er mit mir zusammen sein ... Im Leben sollte man nie die wahre Liebe opfern, nie. Auch wenn es grausam ist.

CHRISTELLE: So, ich gebe auf ... ich lass es! Sagt allen Gästen, dass wir absagen. Wir brechen alles ab! Ich geh nach Hause, ich kann nicht mehr.

NATHALIE: Dir geht's wohl nicht gut?! Du kannst doch nicht, weil sie krank ist und ausrastet, dein ganzes Leben hinschmeißen ... Das ist ja gerade ihre Krankheit, dass sie versucht zu zerstören ... Und sie ist dabei, es zu erreichen.

CAROLINE: Das ist euch ganz recht, das mit der Krankheit!!

CHRISTELLE *(zu Christian)*: Und hast du diese Schwachsinnige nun geküsst oder hast du sie nicht geküsst?? *(Pause.)* Antworte mir bitte!!

CHRISTIAN: Wir haben uns einen Kuss gegeben, ja, das ist wahr. Ich weiß nicht, warum ich das gemacht habe. Es war reiner Trieb. An einem Abend, an dem ich durcheinander war und deine Schwester mit dem Auto nach Hause gebracht habe, hatte ich Lust. Aber am nächsten Tag hab ich mit ihr gesprochen, um alles wieder zurechtzurücken, und wir haben beschlossen, nie wieder darüber zu sprechen. Ja, Scheiße, wir haben komische Sachen durchgemacht, du und ich, in den letzten zwei Jahren, das war doch ziemlich kompliziert. Unsere beiden Scheidungen, und dann wussten wir eine Zeit lang nicht mehr, ob wir uns lieben, weil wir uns seit vierzig Jahren kennen, oder ob wir uns wirklich lieben.

CHRISTELLE: Oje, oje, Scheiße!!

MARIE-ÈVE: Du hast sie geküsst??

CHRISTIAN: Ja. Ich weiß, das war nicht besonders intelligent ...

CAROLINE *(zu Christian)*: Sei bitte nicht zu grausam mit mir, ich weiß, dass du sie schonen willst, aber trotzdem.

CHRISTELLE *(zu Christian)*: Aber warum hast du das gemacht?? Du weißt doch, wie sie ist!

CHRISTIAN *(zu Christelle)*: Na ja, ich weiß, aber ich verstehe mich auch ganz gut mit deiner Schwester ... Ist ja unvermeidlich, ich kenne euch alle schon so lange, wir kennen uns alle seit der Kindheit ... Aber jetzt will sie alles zwischen uns zerstören, so ist es!!

CHRISTELLE: Aber warum hast du sie geküsst?

NATHALIE: Sie ist fragil, sie ist krank, Christian. Als du das gemacht hast, wusstest du doch genau, was du für ein Risiko eingehst!!

MYRIAM *(kommt mit ihrem Mann herein, in großer Aufregung)*: Was ist hier los? Der Standesbeamte muss in zwei Minuten gehen ... Er ist total wütend ...

MYRIAMS MANN: Und außerdem ist er wirklich bescheuert.

MYRIAM: Was ist los?

NATHALIE: Totale Krise.

CHRISTELLE *(zu Christian)*: Aber warum hast du das gemacht? Das ist unverantwortlich.

CHRISTIAN: Aber ich weiß es nicht, ich war müde, das ist alles ... Scheiße, wir sind doch fünfundvierzig Jahre alt, bald fünfzig!! Was ist da schon ein Kuss? Ich habe sie geküsst, ich habe nicht mit ihr geschlafen.

CAROLINE *(zu Christian)*: Viel hat nicht gefehlt.

CHRISTIAN *(zu Christelle)*: Ich habe sie geküsst, wir werden doch nicht jetzt, wo wir erwachsen sind, unser Leben und unsere Zukunft einem Kuss opfern. Scheiße.

MARIE-ÈVE *(zu Christian)*: Dann hast du also alle Frauen dieser Familie geküsst?

CHRISTELLE: Wieso?

CHRISTIAN: Wie meinst du das?

MARIE-ÈVE: Du weißt nicht, was ich meine?

CHRISTELLE: Was meinst du?

MARIE-ÈVE: Ach, nichts.

CHRISTELLE: Aber sag doch, wo wir jetzt schon dabei sind!!

MARIE-ÈVE: Na, vor fünf Jahren hatten wir auch unsere kleine Küsserei, Christian und ich, das ist alles.

CHRISTELLE: Wie, Küsserei?

MARIE-ÈVE: Na Küsserei. Das muss ich doch nicht erklären.

CHRISTIAN: Aber das hat doch nichts miteinander zu tun. Außerdem war das nicht zur gleichen Zeit und wir waren auf einer Party und total betrunken.

MARIE-ÈVE: Und am nächsten Tag haben wir auch darüber gesprochen und beschlossen, nicht mehr darüber zu sprechen.

MYRIAMS MANN: Also, blasen wir alles ab?? So, dann benachrichtige ich die anderen. *(Er geht.)*

CHRISTIAN: Aber nein!! Myriam, dein Mann meint es nicht ernst, hoffe ich!!

MYRIAM: Ich glaube schon.

CAROLINE: Marie-Ève, was willst du uns da zu verstehen geben, wenn du so was sagst?? Dass er auch in dich verliebt ist??

CHRISTIAN: Ich träume. Ist euch klar, dass ihr gerade unser Lebensprojekt, Christelles und meins, über den Haufen werft? Das alles wegen einem Kuss auf den Mund. Das ist echt surreal ... Man hat den Eindruck, in einer katholischen Sekte zu sein, bei den Hinterwäldlern im neunzehnten Jahrhundert ... Das kann ja nicht wahr sein.

CHRISTELLE: Wieso? Ist das etwa Fortschritt, alle Schwestern einer Familie zu verführen??

CHRISTIAN *(zu Christelle)*: Aber rede doch nicht so einen Quatsch!! Wir kennen uns schon seit immer, du und deine Familie. Ich war euer Nachbar, ich kann doch nichts dafür, wenn ich all deine Schwestern seit immer schon kenne ... Ich kenne alle deine Schwestern fast so gut wie dich ... Ich war genauso viel mit ihnen zusammen, wie mit dir, und du weißt das ... Ich stand Nathalie sogar einige Zeit näher als dir, weil wir zusammen auf dem Gymnasium in der gleichen Klasse waren.

CHRISTELLE: Ja, aber mit Nathalie war doch nichts, soweit ich weiß, das hast du mir immer versichert!!

CHRISTIAN: Aber nein ... Und vor allem, verdammt noch mal, hatten wir doch alle ein Leben davor ... Wir werden jetzt nicht anfangen, es unterm Mikroskop zu untersuchen!!

Die Hauptsache ist, was wir heute, du und ich, mit unserer Zukunft anfangen wollen, die Vergangenheit ist unwichtig, verdammte Scheiße ...

CHRISTELLE: Willst du mir etwa sagen, dass auch mit Nathalie was war, ja??

CHRISTIAN: Warum fragst du mich das? Ich habe dir doch gerade gesagt, dass nichts mit ihr war, wir haben doch schon darüber gesprochen ... Frag sie, wenn du willst.

CHRISTELLE: Warum passiert mir das alles gerade heute?? *(Sie weint.)*

CHRISTIAN: Aber was passiert denn, ich verstehe überhaupt nichts??

CHRISTELLE: Was ich da auf einmal empfinde ist schrecklich, Christian ... es ist schrecklich.

CHRISTIAN: Was ist schrecklich??

CHRISTELLE: Ich stürze gerade im freien Fall fünfzig Stockwerke herab ... Und ich habe den Eindruck, ich werde am Boden zerschellen und zerplatzen ... Nathalie hat vor einem Jahr mit mir gesprochen ... als es mit unserer Beziehung ernst wurde. Sie hat mir gesagt, dass zwischen euch etwas war, Jugendliche ... Und dass es euer Geheimnis ist ... Ich dachte, es wäre nicht so schlimm, ich habe darauf gewartet, dass du eines Tages mit mir darüber sprichst, aber jetzt, heute, bin ich mir nicht mehr sicher ... Ich glaube fast, dass es doch etwas Ernsteres ist ...

CHRISTIAN: Oje oje oje oje oje!!

MARIE-ÈVE: Diese Situation ist ja echt kompliziert!!

CAROLINE: Das Gute ist, dass sich jetzt zeigt, was für ein Irrtum diese Hochzeit ist.

CHRISTIAN *(zu Nathalie)*: Aber verdammt noch mal, warum hast du es ihr gesagt??

NATHALIE: Weil es die Wahrheit ist ... Ich habe ihr die Wahrheit gesagt, ist doch meine Schwester, sie hatte mir gerade mitgeteilt, wie wahnsinnig verliebt sie in dich ist, und dass ihr vielleicht bald heiraten würdet.

CHRISTIAN: Oje oje oje oje oje!

MARIE-ÈVE: Habt ihr euch nur geküsst oder seid ihr einen Schritt weiter gegangen??

NATHALIE: Nein, wir haben uns nur geküsst, wir haben nur zwei Wochen lang geflirtet ... Ganz heimlich ... Und dann war Schluss, als er eines Abends mit Myriam ausgegangen ist ...

CAROLINE: Mit Myriam??

CHRISTIAN: Oje oje oje oje oje!

NATHALIE: Das habe ich nicht ausgehalten! Damals hatte ich Prinzipien ... Ich konnte ihm nicht verzeihen, dass er mich ausgerechnet mit meiner großen Schwester betrügt ... Das war auf einer Party ... Ihm zufolge hat er sie nur geküsst ... Er hat gesagt, dass sie das gemacht haben, weil sie beide unglücklich waren ... Weil wir, er und ich, uns kurz davor gestritten hatten ... Er hat mir gesagt, dass er wahnsinnig bereuen würde, das getan zu haben ... Ich habe nie wieder mit Myriam darüber gesprochen.

CHRISTELLE *(zu Nathalie)*: Das hast du mir nicht erzählt!!

NATHALIE: Nein, ich habe mich nicht getraut, ich habe dir das erzählt, was mich betrifft, nicht was Myriam betrifft.

MARIE-ÈVE: Oje oje oje oje oje!

CHRISTELLE *(zu Myriam)*: Hat Christian dich geküsst??

MYRIAM: Ach, aber das ist uralt! Das ist zwanzig Jahre her!! Wir müssen ja nicht unbedingt unser heutiges Leben mit diesen alten Geschichten, die zwanzig Jahre her sind, belasten.

CHRISTIAN: Ja, okay, endlich, danke! Ein vernünftiges Wort.

CHRISTELLE: Unter Schwestern kann man doch wohl über solche Sachen sprechen.

MYRIAM: Nun, ich glaube nicht.

MYRIAMS MANN *(kommt herein)*: Wie steht's mit euch? Der Typ vom Standesamt will gehen!! Was habt ihr jetzt für Trauermienen, was ist los??

CAROLINE *(geht)*: Ich gehe jetzt ... Christian, du brauchst mich nicht zurückzurufen ... Das mit Myriam geht mir wirklich zu weit ...

Marie-Ève *(zu Myriams Mann)*: Das alles wegen deiner Frau. Christelles Hochzeit ist geplatzt ... Und die Beziehung von Christian und Caroline auch, Myriam hat in dieser Geschichte alles versaut.

Christelle *(geht in die Richtung zurück, aus der sie gekommen ist)*: Ich gehe jetzt auch, Christian, tut mir leid, ich weiß nicht, ob ich altmodisch bin, wie du sagst, aber ich komme nicht drüber weg, ich glaube, ich bin hier in einem Fernsehfilm. Wir telefonieren später.

Myriams Mann: Wie? Christian hatte eine Beziehung mit Caroline??

Marie-Ève: Ja, und mit deiner Frau auch!!

Myriams Mann: Ach ja?

Marie-Ève: Kümmert sich jemand darum, Christelle zurückzuholen? Ich gehe und sag den anderen Bescheid ... *(Sie geht zum Trauungssaal.)*

Nathalie: Ich gehe, ich kümmere mich um sie. *(Sie geht in Christelles Richtung.)*

Myriam *(zu ihrem Mann)*: Christian und ich haben uns vor zwanzig Jahren geküsst ... Meinst du, dass das ein Grund ist, einen Atomkrieg auszulösen?

Myriams Mann: Eigentlich nicht ... Komisch, das hast du mir nie erzählt.

Myriam: Ich hatte es vergessen. *(Myriams Mann geht. Zu Christian)* Das war ein schöner Abend, kannst du dich erinnern? Ich erinnere mich. Eigentlich blöd, aber ich habe immer bedauert, dass es zwischen uns beiden nicht mehr gab.

Schwarz.

6 – TOD

Ein schwach beleuchteter Wohnungsflur. Eine junge Frau, die eine starke Emotion zu beherrschen versucht, und ein Mann, der sichtbar müde ist, bewegen sich langsam zum Ausgang.

DIE FRAU: Ich habe gezögert, Sie anzurufen.

DER ARZT: Warum?

DIE FRAU: Ich wollte Sie nicht mitten in der Nacht stören.

DER ARZT: Von Anfang an war ich der Hausarzt Ihres Vaters, es hätte mich gewundert, wenn Sie mich nicht sofort angerufen hätten.

DIE FRAU: Aber Sie sind bestimmt ziemlich müde.

DER ARZT: Sie auch.

DIE FRAU: Seit er im Koma liegt, habe ich nichts Anstrengendes mehr mit meinem Leben angefangen. Nur warten und hoffen ... Und auf ihn aufpassen.

DER ARZT: Wie haben Sie das die ganze Zeit ausgehalten?

DIE FRAU: Wie im Märchen, ich habe gehofft ... Gehofft und gehofft, dass mein Vater aufwacht. Aber die Wahrheit ist, dass ich an Wunder glaube. Sie sind der einzige Arzt, der mir das Hoffen nicht ausgeredet hat.

DER ARZT: Jeder sollte so frei sein, hoffen zu dürfen.

DIE FRAU: Ja.

DER ARZT: Jetzt werden Sie ein bisschen an sich denken? An Ihre Zukunft?

DIE FRAU: An die Zukunft?? Ja ja, natürlich, muss ich wohl. Heute fängt sogar ein völlig neues Leben für mich an ... Ich werde heiraten.

DER ARZT: Ach ja?? Sie heiraten? Aber das ist ja unglaublich!!

DIE FRAU: Die Entscheidung ist schon vor ein paar Monaten gefallen. Mein zukünftiger Mann ist nebenan. Er ist ein sehr guter Mann ...

DER ARZT: Sehr gut ... Also Glückwunsch ... Ich freue mich sehr.

Die Frau: Ach ja? Wir werden nach der Beerdigung weggehen ... Wir ziehen bei seiner Familie ein, das wird mir Abwechslung bringen ... Die arbeiten alle in der Finanzbranche.

Sie lacht.
Pause.

Der Arzt: So ... Dann werde ich mal gehen ... Ich muss nach Hause, es ist spät.

Die Frau: Ja.

Der Arzt: Dann wünsche ich Ihnen das Beste ... Für Ihr zukünftiges Leben ... Seien Sie glücklich ... Genießen Sie das Dasein, Sie haben es verdient ... Auf Wiedersehen, Marianne.

Er streckt ihr die Hand entgegen.

Die Frau: Danke.

Sie nimmt seine Hand. Plötzlich umarmt und küsst sie ihn leidenschaftlich. Der Arzt ist zuerst überrascht, versucht sich dann aber zu befreien. Die Frau hält ihn so fest, dass er es nicht schafft. Der Widerstand des Mannes lässt nach. Pause. Der Kuss dauert, dann lösen sie sich voneinander. Sie sind verwirrt. Man hört eine Tür und Schritte, ein Mann kommt herein.

Der Mann: Guten Abend.

Der Arzt *(peinlich berührt)*: Guten Abend.

Die Frau *(sehr verwirrt, zum Arzt)*: Ich stelle Sie vor. Das ist Antoine, von dem ich Ihnen gerade erzählt habe.

Der Arzt *(schüttelt die Hand des Mannes)*: Sehr erfreut.

Der Mann: Guten Abend, Herr Doktor, sehr erfreut. Vielen Dank für alles, was Sie für dieses Haus getan haben ...

Der Arzt: Ich habe nur meine Arbeit getan ...

Der Mann: Ich glaube, ein bisschen mehr.

Der Arzt: Aber nein ... *(Kurze Pause.)* Ich werde Sie nicht länger stören ... Jedenfalls gratuliere ich Ihnen ... Marianne hat mir die Neuigkeit, Sie betreffend, mitgeteilt.

Der Mann: Danke, sehr freundlich ... So ist das Leben ... Und wir gehen sobald wie möglich weg ... Marianne hat sich das so gewünscht.

Der Arzt: Ich werde jetzt gehen, werde Sie beide alleine lassen, wenn Sie nichts dagegen haben.

Der Mann: Aber ja, natürlich.

Die Frau hält den Ärmel des Arztes fest, um ihn aufzuhalten.

Die Frau: Aber ja, natürlich.

Pause. Der Mann und der Arzt bemerken das Verhalten der Frau, es ist ihnen furchtbar peinlich. Sie versuchen, sich nichts anmerken zu lassen.

Der Arzt *(als wenn nichts wäre, versucht seine Irritation zu verstecken)*: Und ich kann Ihnen nur nochmals gratulieren.

Der Mann *(als wenn nichts wäre)*: Danke ... nochmals danke.

Der Arzt *(während er versucht, sich zu befreien)*: In gewisser Hinsicht hat es Marianne sehr gut gemacht, glaube ich ... Es ist gut, dass alles auf diese Weise endet ... Ganz sanft, ohne Schmerzen, und dass ein neues Leben für sie beginnt.

Der Mann *(hilft dem Arzt, sich zu befreien)*: Absolut.

Die Frau *(in einem immer tragischeren Ton, klammert sich immer fester an den Arzt)*: Ja, absolut.

Der Arzt *(versucht, sich immer energischer zu befreien)*: Wann reisen Sie ab?

Der Mann *(versucht, den Arzt zu befreien)*: Sobald wir hier alles geregelt haben ... Ich hoffe, so schnell wie möglich.

Der Arzt *(kämpft, um sich zu befreien)*: Das ist gut.

Die Frau *(klammert sich an den Arzt)*: Ja, das ist gut.

Der Arzt *(kämpft)*: ... Und wo werden Sie wohnen?

Der Mann *(versucht, den Arzt zu befreien)*: Wir wohnen in einer eher gebirgigen Gegend in der Schweiz.

Der Arzt *(kämpft immer noch)*: Ja, ich verstehe, ich verstehe, sehr gut.

Die Frau *(klammert sich immer noch an den Arzt)*: Dort wird es uns gut gehen ... Es ist ruhig.

Der Mann: Ja.

Die Frau: Wir sind sehr glücklich, von hier wegzugehen.

Der Mann: Nochmals auf Wiedersehen und danke, Herr Doktor.

Der Arzt: Auf Wiedersehen.

Die Frau: Ein neues Leben beginnt, das ist großartig.

Der Arzt: Auf Wiedersehen, Marianne.

Die Frau: Das wird großartig, ich freue mich ... Wir heiraten in einem Monat ... Ich kann es kaum erwarten, meinen Mann zu heiraten ... Ich kann es kaum erwarten ... So einen Mann wollte ich immer kennenlernen und dann heiraten ...

Nach großer Anstrengung schafft es der Arzt, sich zu befreien. Er geht eilig davon.

Die Frau: Einen Mann wie ihn ... Ich bin glücklich.

Die Frau legt sich auf den Boden und weint. Der Mann legt sich neben sie und tröstet sie.
Schwarz.
Jemand, der singt, begleitet, allein auf der Bühne, den Schmerz der Frau.

7 – LIEBESTRANK

Ein Hotelzimmer. Ein eleganter Mann bindet sich die Krawatte. Eine Frau kommt herein.

DIE FRAU: Guten Morgen, Monsieur Dengé, störe ich? Ich wollte Ihnen sagen, dass Ihr Zehn-Uhr-Termin im Hotel angekommen ist, er ist etwas früher da und er erwartet Sie in der Eingangshalle.

DER MANN: Was, jetzt schon? Das nervt ... Diese Arschlöcher sind zum Kotzen mit ihrem Zufrühkommen.

DIE FRAU: Ich habe ihm zu verstehen gegeben, dass er wirklich zu früh ist, und ich glaube, es ist alles in Ordnung.

Die Frau scheint verlegen.

DER MANN: Was ist? Haben Sie ein Problem?

DIE FRAU: Ich wollte mich entschuldigen, weil ich gestern in Ihrem Zimmer eingeschlafen bin. Das ist mir ein bisschen peinlich.

DER MANN: Na ja ... Wir sind alle sehr müde ... wegen diesem beschissenen Seminar ... Es war doch sowieso schon Mitternacht, oder? Es war höchste Zeit, mit der Arbeit aufzuhören.

DIE FRAU: Ich würde Ihnen gerne eine Frage stellen, Monsieur Dengé.

DER MANN: Ich höre.

DIE FRAU: Ist da nicht zufällig etwas vorgefallen ... in Ihrem Zimmer, während ich schlief??

DER MANN: Das heißt?

DIE FRAU: Ja, ich hatte da so ein vages Gefühl ... heute Morgen beim Aufwachen ...

DER MANN: Was für ein vages Gefühl?

DIE FRAU: Ganz am Anfang hatte ich das Gefühl gar nicht ... Aber später, mitten in der Nacht, und dann heute Morgen.

DER MANN: Was erzählen Sie mir da?

DIE FRAU: Nun seien Sie nicht böse, wenn ich Ihnen das sage ... Aber ich hatte das Gefühl ... oder besser das Empfinden ... nein, das Gefühl ... dass jemand heute Nacht in mir war. *(Kurze Pause.)* Oder genauer gesagt, dass Sie heute Nacht in mir waren.

DER MANN: Dass ich heute Nacht in Ihnen war? Sie sind ja total verstört, meine arme Myriam!!

DIE FRAU: Das bin ich bestimmt!! Ehrlich gesagt, habe ich mir das vorhin selbst gesagt ... Du bist total verrückt, Myriam.

DER MANN: Das ist mir schon aufgefallen. Ganz bestimmt haben Sie geträumt, meine Arme!!

DIE FRAU: Ich muss Ihnen dazu sagen, dass mir dieses vage Empfinden im Nachhinein nicht unangenehm ist ...

Kurze Pause.

DER MANN: Was??

DIE FRAU: Finden Sie mich verrückt, dass ich so mit Ihnen spreche? Wo ich doch all Ihre Annäherungsversuche immer abgelehnt habe ...

DER MANN: Ja, ich glaube, genau das meine ich!!

DIE FRAU: Das ist wahr, ich habe Ihre Annäherungsversuche, die wirklich zahlreich waren, immer abgelehnt ... Und ich habe das getan, weil ich natürlich verheiratet bin, aber auch und vor allem, weil ich dazu absolut keine Lust hatte ... Aber heute Morgen spüre ich in mir die Möglichkeit einer Entwicklung ... Ich spüre, dass etwas ... wie eine Bremse ... eine Hemmung, da *(Sie zeigt auf ihren Kopf.)* ... die mich hinderte, an mein Verlangen heranzukommen ... aufgebrochen ist, könnte man sagen ...

Kurze Pause.

DER MANN: Myriam, hören Sie mal zu, ich glaube, wir haben noch viel Arbeit vor uns, bevor wir heute Abend den Zug nehmen.

Die Frau: Absolut einverstanden mit Ihnen.

Der Mann *(zögernd)*: Aber gut, wie schon gesagt, ich hätte nichts gegen eine bestimmte Entwicklung unserer Beziehung, in einem streng definierten Rahmen!! Verstehen Sie, was ich meine?

Er lacht.

Die Frau: Entschuldigen Sie, könnten Sie nicht lieber erst versuchen, meine Frage zu beantworten?

Der Mann: Das heißt?

Die Frau: Ist es möglich, dass Sie gestern Abend mit mir Liebe gemacht haben, während ich schlief ... dass Sie sozusagen in mich eingedrungen sind ... in mich, da, auf diesem Sessel??

Kurze Pause.

Der Mann *(nähert sich der Frau mit großem Ernst)*: Ihre Anschuldigungen sind sehr, sehr schwerwiegend, ich hoffe, Sie sind sich dessen bewusst??

Die Frau: Sie können ganz entspannt mit mir sprechen, Monsieur!

Der Mann *(platzt, wütend)*: Aber wie können Sie sich nur vorstellen, dass ich so was, wie Sie sagen, gemacht habe?? Für wen halten Sie mich?? Ich sage Ihnen, Sie haben ganz böse Absichten, wenn Sie so mit mir sprechen ... *(Drohend)* Jetzt gehen Sie sofort aus diesem Zimmer!! Ihre Andeutungen gegen mich könnten Konsequenzen haben, ich warne Sie.

Die Frau will gehen.

Die Frau *(kommt zurück, leidenschaftlich)*: Wie gesagt: Wenn Sie heute Nacht etwas mit mir unternommen haben, als ich auf dem Sessel schlief, möchte ich es nur wissen, und das ist alles ... Und ich werde es Ihnen nicht vorwerfen ... und Sie nicht verurteilen... Eher sogar im Gegenteil. Ja, ich weiß, vielleicht ist es schrecklich, Ihnen das zu sagen, wenn man das Leid von Millionen von Frauen auf dieser Erde durch den Missbrauch von Männern bedenkt ... Ich weiß, es ist schlimm, so etwas zu sagen ... So empfinde ich es ... Ich wäre Ihnen beinahe dankbar ... Weil es tief in mir etwas gelöst hat, so scheint es mir. Also antworten Sie mir bitte ... Sagen Sie mir, dass alles kein Traum ist und dass gestern Abend etwas geschehen ist zwischen uns. Haben Sie Angst, Franck, ja? Hält Sie das zurück? Ich sage Ihnen doch, dass Sie nichts zu befürchten haben. Ich habe absolut nicht die Absicht, Sie anzuzeigen.

DER MANN *(überrascht)*: Mich anzuzeigen?

DIE FRAU: Wir sprechen natürlich über sehr schwerwiegende Vergehen, die zutiefst verwerflich sind ... und die im Übrigen sehr streng bestraft werden ... Theoretisch könnten Sie sehr, sehr große Schwierigkeiten bekommen, Franck, mit einem solchen Verhalten, das ist sicher. Aber da ich Ihnen sage, es ist, als ob ich paradoxerweise nicht darunter gelitten hätte ... sogar im Gegenteil ...

DER MANN *(immer hektischer)*: Was genau wollen Sie wissen??

DIE FRAU: Ich sage es Ihnen doch dauernd.

DER MANN *(beunruhigt, peinlich berührt)*: Und wären Sie wirklich bereit, in Erwägung zu ziehen, dass wir beide uns näherkommen könnten?

DIE FRAU: Ich habe es Ihnen gesagt ... Für mich fehlt nicht viel ... Mein Kopf braucht nur Orientierung und Verständnis ... Und dann, glaube ich ...

DER MANN *(immer peinlicher berührt)*: Vielleicht haben Sie irgendwelche Gerüchte über mich gehört? Und das hat Sie veranlasst, sich vorzustellen, dass ich dazu fähig wäre ...

DIE FRAU *(unterbricht ihn)*: Absolut nicht, außerdem verschließe ich Gerüchten gegenüber im Allgemeinen meine Ohren. Sagen Sie mir ... ob Sie gestern etwas gemacht haben, während ich da schlief ... auf dem Sessel!! Sagen Sie es mir ... Es sieht so aus, als hätten Sie Angst, Franck ... Angst vor mir ... mehr und mehr Angst ... *(versucht, beruhigend zu wirken, nähert sich dem Mann)* Aber es gibt keinen Grund dazu ... Ich verspreche es Ihnen ... Setzen Sie sich! *(Der Mann setzt sich in den Sessel.)* Sprechen Sie ganz ruhig mit mir. Sagen Sie es mir ... *(artikuliert, spricht jedes Wort ganz deutlich aus)* ... wie einer Freundin, einer Verbündeten ... Ich will nur die Worte hören können ... wahre Worte, aus Ihrem Mund.

Schwarz.

8 – GELD

Ein Flur in einer Wohnung. Eine Frau begleitet einen Mann zum Ausgang. Der Mann zieht seine Jacke an. Er trägt ein Kreuz auf der Brust.

DIE FRAU: Übrigens hast du mir nicht gesagt, wie die Bauarbeiten vorangehen! Sind sie bald fertig ...?!

DER MANN: Nein, überhaupt nicht! Die ganze Apsis ist noch im Umbau!! Fast überall liegt noch Bauschutt ... Und der viele Staub zwischen den Bänken ... Sehr unangenehm.

DIE FRAU: Ach ja?

DER MANN: Ja, wir sind noch lange nicht fertig ... Mehrere Kirchenfenster mussten diese Woche herausgenommen werden und sind noch immer nicht wieder eingesetzt worden.

DIE FRAU: Wie kommt's?

DER MANN: Das ist normal ... Bauarbeiten in einer Kirche sind sehr kompliziert, es gibt dauernd Probleme in Bezug auf historische Fragen ... Da braucht man Genehmigungen, die man bei dem und dem Ministerium beantragen muss ... Alles sehr verwaltungsintensiv ... Und plötzlich geht nichts mehr! Alles steht still ...! Und wir verharren im Staub ...

DIE FRAU: Ach ja? Das muss sehr unangenehm sein.

DER MANN: Sehr ... Und es schränkt den Gottesdienst natürlich sehr ein.

DIE FRAU: Mein Armer.

DER MANN: Na ja ... Aber da gibt's noch Ärmere als mich.

DIE FRAU: Das sagt man so ...

Pause.

DER MANN: Ich wollte dir was sagen ... Ich glaube, ich werde nicht wiederkommen ... Ich werde dich nicht wiedersehen können ... So! Auf jeden Fall sehen wir beide uns zum letzten Mal, jedenfalls unter diesen Umständen.

DIE FRAU: Wieso, was ist passiert??

DER MANN: Na, es ist ... es ist etwas Besonderes passiert ... ich habe jemanden kennengelernt ... Ich habe eine Frau kennengelernt ... vor einigen Wochen ...

Man hört Radiomusik aus einem Nachbarzimmer: ein Lied der Bee Gees.

DIE FRAU *(erschüttert)*: Ich verstehe nicht.

DER MANN: Du verstehst nicht? Also in dieser neuen Situation, denke ich, ist es natürlich nicht mehr angemessen, hierher zu dir zu kommen ...

DIE FRAU: Du hast jemanden kennengelernt?? Eine Frau?

DER MANN: Ja ... Natürlich kommt es für mich sehr unerwartet ... das Ganze ... und ist sehr kompliziert ... Natürlich kannst du dir das vorstellen, angesichts meiner Situation. Aber ich empfinde etwas, ich empfinde wirklich etwas für sie.

DIE FRAU: Wie lange schon??

DER MANN: Seit ein paar Wochen ... Und inzwischen ist es schwierig geworden, zu rechtfertigen, dass ich weiter hierher komme.

DIE FRAU: Schwierig zu rechtfertigen?

DER MANN: Ja.

DIE FRAU: Gegenüber wem?

DER MANN: Der neuen Situation gegenüber natürlich.

DIE FRAU: Dir scheint alles ganz natürlich ... Ich möchte dir sagen, dass das für mich nicht der Fall ist!!

DER MANN: Ich verstehe.

DIE FRAU: Du verstehst?

DER MANN: Ja, also habe ich beschlossen, dir etwas vorzuschlagen ... Ich schlage dir vor, dich zu entschädigen ... Für den ganzen Verdienstausfall meinetwegen. Ich habe eine Summe vorbereitet.

Er holt einen Briefumschlag aus seiner Jackentasche.

DER MANN: Das ist noch nicht die gesamte Summe, die ich dir vorschlagen möchte ... Nur eine Art Anzahlung ... Ich möchte dir eine Summe vorschlagen, die dem Verdienstausfall meinetwegen für zehn Jahre entspricht ... Mit Modalitäten, die zwischen uns zu präzisieren sind. So ... ich hoffe, das ist für dich akzeptabel. Und respektvoll genug.

Kurze Pause.

DIE FRAU: Über wen machst du dich lustig, Daniel??

DER MANN: Wieso??

DIE FRAU: Was hat das Geld mit dem Ganzen zu tun??

DER MANN: Es hat eine Rolle in unserer Beziehung gespielt ... Und das ist alles ... Ich verurteile es nicht ... Und du brauchst es zum Leben ... Es ist nichts Schlechtes daran, über Geld zu sprechen ... Vor allem zwischen uns beiden, oder?? Du kennst meine Einstellung dazu.

Die Frau: Du denkst, du kannst es nicht mehr rechtfertigen, hierher zu kommen?

Der Mann: Nein. Das habe ich gesagt, ja.

Die Frau: Und du denkst, du kannst diese Frage mit Geld regeln?

Der Mann: Ich verstehe deine Reaktion nicht. Habe ich dich verletzt?? Unsere Beziehung beruhte doch zum größten Teil auf Geld, Elise ... Und ich nehme keinen Anstoß an deinem finanziellen Interesse ... Es ist für dich lebensnotwendig ...

Die Frau: Machst du dich über mich lustig, Daniel??

Der Mann: Nein, warum?? Ich verstehe nicht.

Die Frau: Daniel, hast du nicht begriffen, welchen Platz du in meinem Leben eingenommen hast?

Der Mann: Nein, ich glaube nicht. Du beunruhigst mich jetzt.

Die Frau: Wie hast du das interpretiert, als ich dich vor zwei Jahren gebeten habe, die Bezahlung einzustellen.

Der Mann: Aber was sagst du da? Ich habe bei jedem Besuch darauf bestanden, dich zu bezahlen!! Du kannst nicht das Gegenteil behaupten.

Die Frau: Ja, das ist wahr ... Du hast darauf bestanden. Aber jedes Mal habe ich noch stärker darauf bestanden, dass du nicht zahlst.

Der Mann: Ja, und es war mir peinlich ... Ich habe es dir gesagt ... Von Anfang an war mir das peinlich.

Die Frau: Glaubst du, dass ich jeden Kunden genauso behandle? Hast du dir die Frage schon mal gestellt??

Der Mann: Jedes Mal hast du mir gesagt: „Für dieses Mal ist es in Ordnung." Also habe ich nicht gedacht, dass es zum Prinzip geworden sei ... ein für allemal festgelegt ... Und außerdem haben wir nie ernsthaft darüber gesprochen!!

Die Frau: Und jetzt sagst du mir einfach: „So, ich werde nicht wiederkommen, weil ich jemanden kennengelernt habe, eine Frau!" Und ich kann ihr gegenüber „natürlich" nicht rechtfertigen, hierher zu kommen ...??

Der Mann: Ja, das sage ich.

DIE FRAU: Und ich? Wer bin ich??

DER MANN: Da gibt es ein schreckliches Missverständnis, würde ich sagen.

DIE FRAU: Bin ich keine Frau? Ein Mensch? Ein Geschöpf Gottes?

DER MANN: Da gibt es ein schreckliches Missverständnis zwischen uns.

DIE FRAU: Das heißt, du hast nicht verstanden, dass ich ein Geschöpf Gottes bin??

DER MANN: Aber nein!!

DIE FRAU: Also was?

DER MANN: Aber ich habe nicht gedacht, dass unser Verhältnis so ist, wie du es sagst.

DIE FRAU: Und was sage ich??

DER MANN: Dass es auf Gefühlen beruht?

DIE FRAU: Hattest du das nicht gemerkt?? Ist das wahr? Sieben Jahre lang?? Was war ich denn für dich? In diesen sieben Jahren ... Ein Loch?

DER MANN: Sprich nicht so, du setzt dich und deinen Beruf herab ...

DIE FRAU *(immer aufgebrachter)*: Und du kommst und sagst mir von Angesicht zu Angesicht: „Jetzt gibt es eine FRAU IN MEINEM LEBEN." Hast du nicht bemerkt, dass sich etwas entwickelt hat?? Wenn wir miteinander sprachen? Wenn wir uns streichelten? Hast du nicht gespürt, wie gerne ich mit dir Liebe gemacht habe?

DER MANN: Ich dachte, es sei im Grunde freundschaftlich ... Und dass es in deiner Natur läge, warmherzig zu sein ... Auch deines Berufs wegen.

DIE FRAU *(berührt)*: Ich dachte, du seist die schönste Beziehung meines Lebens ... Die einzige Beziehung mit einem Mann, der mir alleine gehört ... Und zwar bis ans Ende meines Lebens ... Der einzige beständige Mann, den ich kenne. Scheiße. Ich war zu dumm. Ich habe mir was vorgemacht.

DER MANN *(es wird ihm bewusst)*: Es tut mir leid, Elise. Es tut mir leid, wenn ich dich verletzt und unglücklich gemacht habe. Ich bin schuld, es ist mein Fehler, also tut es mir leid.

DIE FRAU: Und mir erst.

DER MANN: Entschuldige. Ich habe die Tragweite deiner Verbundenheit nicht verstanden. Ich dachte, es sei eine gewöhnliche Verbundenheit.

DIE FRAU: Armer Kerl.

DER MANN: Oder ich habe verstanden, was mir gerade passte!! Das ist gut möglich ... Es tut mir leid.

DIE FRAU: Was soll ich machen?

DER MANN *(gerät in Panik)*: Elise, ich kann in meinem Leben keine Beziehung zu zwei Frauen unterhalten. Das ist unmöglich. Tief in mir könnte ich diesen Wunsch vielleicht hegen, das gebe ich zu ... Aber das ist natürlich unmöglich ... Gar nicht zu sprechen von meinen Verpflichtungen und meinem religiösen Leben, natürlich ...

DIE FRAU: Du musst eine Lösung finden.

DER MANN: Bitte mich nicht darum, meine Beziehung abzubrechen.

DIE FRAU: Deine andere Beziehung?

DER MANN: Ja ... Bitte mich nicht darum, ich habe mich verpflichtet.

DIE FRAU: Nein, ich bitte dich nicht, deine andere Beziehung abzubrechen ... Um so was bittet man jemanden nicht ... Bist du wirklich bereit, etwas für mich zu tun?

DER MANN: Ja. Glaube mir ... Ich bin aufrichtig ... Ich möchte die Verantwortung übernehmen ... Aber ich weiß nicht, wie.

DIE FRAU: Gib mir etwas ... das nur mir gehört.

DER MANN: Aber was??

DIE FRAU *(scheint zu überlegen)*: Ich weiß nicht, gib mir Zeit. Verbring Zeit mit mir, ja.

DER MANN: Zeit?

DIE FRAU: Ja, komm ab und zu bei mir zum Essen vorbei.

DER MANN: Wie??

DIE FRAU: Ja, komm bei mir vorbei, um mit mir zu essen, ich

mache dir zu Essen, an jedem Abend innerhalb der Woche, außerhalb der Schulferien. Es wird zwischen uns nichts anderes mehr geben ... Nichts, keinen Körperkontakt ... So hast du dir, gegenüber deiner anderen Frau, nichts vorzuwerfen.

DER MANN: Jeden Abend in der Woche?

DIE FRAU: Ja, bis mindestens zweiundzwanzig Uhr, an den Wochenenden hast du die Abende frei. Willst du wirklich etwas für mich tun?? Dann tu das ... Das ist eine echte Entschädigung.

DER MANN: Das ist aber sehr kompliziert einzurichten, was du da von mir verlangst.

DIE FRAU: Das ist ganz einfach: Du teilst nur eine Mahlzeit mit mir, wie Christus mit seinen Aposteln ... Von Montag bis Freitag Abend ...

DER MANN: Aber das wird sehr kompliziert, weißt du?

DIE FRAU: Du wirst schon klarkommen. Fühlst du dich schuldig in dieser Situation? Antworte!!

DER MANN: Ja.

DIE FRAU: Dann tu es für mich, es ist meine einzige Bitte.

Pause.

DER MANN: Ja, ich werde versuchen zu tun, was du verlangst, wo ich doch schuld bin ... Wann willst du, dass wir anfangen?

DIE FRAU: Morgen.

DER MANN: Morgen?

DIE FRAU *(ernst)*: Ja, ab morgen, für den Rest des Lebens ...

Sie geht. Der Mann bleibt unbeweglich im Flur stehen.
Schwarz.

9 – SCHLÜSSEL

Ein Paar sitzt am Tisch, es scheint sich zu langweilen. Ein leerer Tisch. Man hört Schlüssel im Türschloss. Dann öffnet und schließt sich die Eingangstür quietschend.

DER MANN *(überrascht und besorgt)*: War die Tür offen??
DIE FRAU *(überrascht und besorgt)*: Aber nein!!

Man hört Schritte.

DER MANN *(weiterhin besorgt)*: So was, scheint so, als wäre jemand reingekommen ... Was soll das?? Jemand kommt bei uns herein!! Sogar mit Schlüsseln ... Träume ich oder was?

Ein Mann kommt mit Schlüsseln in der Hand herein und geht auf das Paar zu.

DER MANN MIT DEN SCHLÜSSELN: Guten Abend, Elisabeth.
DIE FRAU: Guten Abend, Constantin. *(Zum Mann)* Das ist mein Mann, das ist Constantin ... *(Verbessert sich)* Na ja, mein Ex-Mann, entschuldige, Verzeihung ...
DER MANN: Hast du mit ihm wieder Kontakt aufgenommen??
DIE FRAU: Aber nein.
DER MANN: Aber es sieht doch ganz so aus, oder??
DIE FRAU: Aber nein.
DER MANN: Dieser Dreckskerl ist vor zehn Jahren von heute auf morgen verschwunden, ohne je von sich hören zu lassen ... Und jetzt ... „Guten Abend", als wenn nichts gewesen wäre.
DER MANN MIT DEN SCHLÜSSELN *(bleibt neben dem Tisch stehen)*: Elisabeth.
DIE FRAU: Ja, Constantin.
DER MANN MIT DEN SCHLÜSSELN: Ich wollte mich entschul-

digen. Als ich damals, vor zehn Jahren das Haus verlassen habe, habe ich vergessen, dir etwas zu sagen, etwas Wichtiges ... Ich habe immer bedauert, es dir nicht gesagt zu haben. *(Pause.)* „Auf Wiedersehen!"

DIE FRAU *(überrascht)*: Danke ... Das ist nett ... doch noch daran gedacht zu haben.

Der Mann dreht sich um und geht.

DIE FRAU: Auf Wiedersehen, Constantin.

Der Mann mit den Schlüsseln geht zum Ausgang.

DER MANN: Ja, aber bin ich hier am Träumen oder was? Was soll das denn?? Also jetzt bin ich aber völlig fassungslos!! Und außerdem hatte er die Schlüssel?! Die Schlüssel von meinem Haus??

DIE FRAU: Na ja ... sieht so aus.

DER MANN: Wie kommt das??

DIE FRAU: Ich weiß nicht ... Oder doch! Das waren früher seine Schlüssel.

DER MANN: Wie?

DIE FRAU: Na früher war ER hier zu Hause, oder?!

DER MANN: Aber es ist nicht mehr sein Zuhause. Er muss uns doch die Schlüssel zurückgeben. Sonst kann der Kerl zurückkommen, wann immer er will. Übrigens hat er sie wieder mitgenommen!

DIE FRAU: Ja, er hat nicht dran gedacht.

DER MANN: Sieht so aus, als würde er überhaupt nicht viel denken ... Wir müssen sie zurückverlangen ... Und zwar sofort.

Pause.

DIE FRAU: Weißt du, man muss ihn verstehen. Es ist wahrscheinlich schwierig für ihn, einzusehen, dass er hier nicht mehr zu Hause ist.

Der Mann: Wie bitte?? Ja ich träume wohl. Was gibt es da zu verstehen?? Der Kerl kommt herein, als wenn er hier zu Hause wäre, nach zehn Jahren. Und geht wieder mit den Schlüsseln ... von meinem Haus ... Das ist doch Wahnsinn. *(Man hört, wie die Eingangstür geschlossen wird.)* Jetzt ist er gegangen ...

Die Frau: Aus deinem Haus ... Und ein bisschen auch aus seinem.

Der Mann: Wie bitte??

Die Frau: Ich meine ... in seinem Kopf.

Man hört, wie der Schlüssel mehrmals im Schloss gedreht wird. Es dauert. Das Paar hört erschrocken zu.
Schwarz.

10 – LIEBE

In einer Schule. Eine Frau, die Schulleiterin, läuft zusammen mit einem Paar auf und ab. Ein Mann, der Lehrer, tritt auf. Er gibt dem Paar, das ihm gegenüber abweisend ist, die Hand.

Die Schulleiterin: Monsieur und Madame Vedrani, Monsieur Jobert. Daniel, Monsieur und Madame Vedrani haben sich eine Unterredung mit uns gewünscht, in Bezug auf Antoine natürlich. Ich habe ihnen vorgeschlagen, dass wir einen Moment zu viert sprechen.

Der Lehrer: Natürlich.

Die Frau *(sichtbar betroffen)*: Unser Sohn ist völlig verstört aus dem Schullandheim zurückgekommen ... Oder schlimmer ... Wir machen uns große Sorgen ... Und wir würden Sie gerne dazu hören ... um die Situation ein bisschen besser zu verstehen ...

Der Lehrer *(aufgeregt)*: Ich stehe Ihnen zur Verfügung ... Was genau ist passiert?

Die Frau: Als Antoine nach Hause gekommen ist, hat er sich anfangs dauernd übergeben. Und jetzt liegt er im Bett, völlig apathisch, er weint, er hat Alpträume ... Der Arzt versteht es nicht.

Der Mann: Er meint, unser Kind hätte nichts.

Der Lehrer *(gerührt)*: Das ist furchtbar.

Die Frau: Wir erwarten uns heute einiges von Ihren Erklärungen.

Der Mann: Wir möchten verstehen, was unseren Sohn derartig verstört hat.

Die Frau: Ist etwas Besonderes vorgefallen während des Aufenthalts? Monsieur Jobert?

Der Lehrer: Nein. Außer an dem besagten Abend, von dem ich Ihnen bei unserer Rückkehr erzählt habe, wie auch der Frau Direktorin.

Die Schulleiterin *(bestimmt)*: Ja, dann erzählen Sie es doch noch einmal, Daniel, wenn es Ihnen nichts ausmacht.

Der Lehrer: An jenem Abend ist Antoine im Schlafsaal von seinen Klassenkameraden getriezt worden, ich weiß nicht, aus welchem Grund. In der Nacht ist er aufgewacht, er hatte ins Bett gemacht, er irrte in den Gängen herum und wollte nicht zurück in den Schlafsaal, aus Angst, die anderen könnten ihn wieder belästigen. Ich habe ihn beruhigt und getröstet. Und am nächsten Morgen war alles wieder in Ordnung.

Die Frau: Unser Sohn sagt, er hätte die Nacht in Ihrem Bett geschlafen.

Der Lehrer *(überrascht und verunsichert)*: Was erzählen Sie denn da!! Ich habe ihn tatsächlich in mein Zimmer gebracht. Ich habe ihn umgezogen, weil er nass war. Er weinte, ich habe ihn getröstet und ja, ich habe ihn in mein Bett gelegt.

Der Mann *(überrascht)*: Monsieur, Sie haben unseren Sohn in Ihr Bett gelegt??

DIE SCHULLEITERIN *(sehr überrascht)*: Dieses Detail hatten Sie mir gegenüber nicht erwähnt!!

DER LEHRER: Nein! *(Zu den Eltern)* Ich habe Ihren Sohn in mein Zimmer gebracht, um ihn umzuziehen, damit er nicht im Flur steht, um ihn nicht im Flur, im Durchzug umzuziehen ... Wie ich es Ihnen schon gesagt habe, meine Kollegin war in dieser Nacht krank und ich habe mich nicht getraut, sie zu stören ... Ich habe das Beste getan, um mit diesem Notfall klarzukommen.

DIE SCHULLEITERIN: Es ist nicht besonders geschickt, so gehandelt zu haben.

DER LEHRER: Wahrscheinlich, mir wird das jetzt bewusst.

DER MANN: Passiert Ihnen das öfters, Monsieur, dass Sie Kinder in Ihr Zimmer mitnehmen??

DER LEHRER *(heftig)*: Was erzählen Sie denn da!! Nein, natürlich nie. Das war ein Sonderfall. Ich musste mit einer besonderen Situation klarkommen ... Ich habe Antoine nur so lange in mein Zimmer gebracht, bis er umgezogen war, bis ich die Laken im Schlafsaal gewechselt hatte und er beruhigt war.

DIE FRAU: Monsieur, bitte, sagen Sie uns genau, was in diesem Zimmer mit unserem Sohn passiert ist!

DER LEHRER: Was genau? Antoine weinte, ihm war kalt, er wollte nicht in den Schlafsaal zu den anderen zurück, er war erschrocken, ich habe ihn in mein Zimmer gebracht, ich habe trockene Kleidung geholt. Ich bin zurückgekommen, ich habe ihn umgezogen und vor allem habe ich ihn getröstet, ich habe ihn in mein Bett gelegt, er fiel um vor Müdigkeit. Er ist schließlich eingeschlafen. Also habe ich ihn schlafen lassen.

DIE FRAU: Sie haben ihn in Ihrem Zimmer schlafen lassen??

DIE SCHULLEITERIN: Wie? Hat er die ganze Nacht in Ihrem Zimmer geschlafen?

DER LEHRER: Ja. Ich habe die Laken im Schlafsaal gewechselt und am frühen Morgen, als er aufgewacht ist und beruhigt war, habe ich ihn zu den anderen, die noch schliefen, zurückgebracht ... So dass sie nichts gemerkt haben ... Und so war er am nächsten Tag ruhig. Und der Zwischenfall mit den anderen war vergessen.

DER MANN *(immer anklagender)*: Vorhin haben Sie gesagt, dass Sie ihn nur umgezogen haben, nicht, dass er bei Ihnen geschlafen hat?!

DER LEHRER: Er hat nicht bei mir geschlafen. Er hat in meinem Zimmer geschlafen.

DIE FRAU: In Ihrem Bett?

DER LEHRER: Natürlich, auf meinem Bett.

DER MANN: Und wo haben Sie geschlafen?

DER LEHRER: Also ich habe auf dem Boden geschlafen.

DIE FRAU: Aber wie ist es möglich, dass mein Kind in Ihrem Zimmer schlafen konnte!!

DER LEHRER *(wird wütend)*: Ich habe das Beste im Interesse Ihres Kindes getan, Madame. Hätten Sie lieber gehabt, ich hätte Ihren Sohn nass in seinem Pipi liegen lassen?? Oder dass ich ihn im Schlafsaal vor seinen Klassenkameraden, die ich zwangsläufig geweckt hätte, umziehe, wo er doch ihr Sündenbock war, den sie am Vortag gedemütigt hatten? Es scheint so, als hätten Sie es lieber, ich würde Ihnen sagen, Ihr Kind sei mir piepegal ... und dass ich gleichgültig bin, ihm gegenüber.

DER MANN: Haben Sie nicht eher bei unserem Sohn im Bett geschlafen, als neben ihm auf dem Boden?

DER LEHRER: Sie beleidigen mich.

DIE FRAU: Aber von Anfang an haben Sie sich widersprochen und immer wieder in Lügen verstrickt.

DER LEHRER: Ich habe nicht gelogen, ich habe Ihnen einige Details nicht gesagt und ich bedauere es, es war ein Fehler.

DIE FRAU: Besteht Ihr Fehler nicht vor allem in Ihren unangebrachten Gesten meinem Sohn gegenüber?

DER LEHRER: Unangebrachte Gesten??

DIE FRAU: Antoine hat uns gesagt, Sie hätten ihn gestreichelt!! Dieses Wort hat er benutzt.

DER LEHRER *(völlig verunsichert)*: Gestreichelt??

DIE FRAU: Ja, er hat uns gesagt: „Nein, nein, Monsieur Jobert war sehr nett zu mir und er hat mich lieb gestreichelt, als ich weinte."

DER LEHRER *(sehr bewegt, antwortet heftig)*: Ja, geht's noch?! Aber ich habe Ihr Kind bestimmt nicht so gestreichelt, wie Sie das auslegen. Ich habe Ihnen schon gesagt, dass er weinte und ich ihn getröstet habe, und ja, ich habe ihm wahrscheinlich den Kopf, das Haar gestreichelt ... Vielleicht ... um ihn zu beruhigen, ich habe Ihnen schon gesagt, dass er völlig verschreckt und verwirrt war, wegen dem Alptraum, dem Bettnässen und dem brutalen Verhältnis zu seinen Klassenkameraden. Ich kann nicht mehr, ich höre auf, mit diesen Leuten zu reden ...

DIE FRAU: Ich aber, Monsieur Jobert, will nicht, dass Sie aufhören, ich muss wissen, in welcher Beziehung Sie in dieser Nacht zu meinem Kind standen und in welcher Beziehung Sie überhaupt zu ihm stehen.

DER LEHRER: Was für eine Beziehung?

DIE FRAU: Ja, da Ihrer Meinung nach Ihr Verhalten zu ihm absolut angemessen ist, beschreiben Sie doch bitte die Beziehung, die Sie zu meinem Sohn haben, mit Ihren Worten ...

DER LEHRER: Aber Sie machen mir ja einen Prozess.

DIE SCHULLEITERIN *(energisch, zum Lehrer)*: Das sind Eltern!! Sie zweifeln, sie möchten etwas von Ihnen hören und ich kann es ihnen nicht übel nehmen, nach all dem, was ich erfahren habe und nicht wusste.

Pause.

DER LEHRER *(geht ganz nah an die Frau heran, vorsichtig und entschlossen zugleich)*: Antoine ist ein besonderes Kind, feiner und empfindsamer als die anderen, zerbrechlicher, also passe ich besonders auf ihn auf ... Also, ich mag die Beziehung, die wir zueinander haben, er ist aufmerksam, intelligent und es macht mir Spaß, mit ihm zu diskutieren ... Deswegen übe ich auch diesen Beruf aus, der Freude wegen und des Austauschs, in diesem Fall mit Kindern ... Ja, ich mag Ihr Kind und ich schäme mich nicht dafür, es ist nichts Schlechtes daran, nichts Schlechtes daran, Vorlieben im Leben für jemand zu haben, und ich habe eine für Antoine ... Aber ich kann die Dinge auseinanderhalten, Madame, ich bin professionell ... Ich mache meinen Beruf aus Liebe, wenn Sie es genau wissen wollen, und nicht wie ein Beamter. Ich übe diesen Beruf aus, weil ich Kinder liebe ... Und ich mag Ihr Kind, wenn Sie es wissen wollen. Ich liebe es sogar und ich schäme mich dafür nicht.

DER MANN *(fassungslos)*: Wie bitte??

DIE FRAU *(fassungslos)*: Sie lieben mein Kind?? Das kann man sich ja nicht anhören!!

DER LEHRER *(immer emotionaler und entschlossener)*: Ja, Madame, ich schäme mich nicht, das Wort „Liebe" zu benutzen. Ich liebe Antoine. Und dieses Wort hat für mich bestimmt nicht die Bedeutung, die Sie ihm geben, wenn Sie mich so anschauen ... Deshalb schäme ich mich auch nicht, dieses Wort zu benutzen ... In dieser Nacht habe ich meine Arbeit getan, ich habe nur meine Arbeit getan, aber meine Arbeit habe ich auch mit Liebe getan und mit Liebe zu Ihrem Sohn ... Es war meine Pflicht, mit seinem Schmerz so umzugehen ... Aber ich habe auch aus Zuneigung und Liebe zu ihm gehandelt.

DER MANN: Also das ist wirklich sehr, sehr schwerwiegend!!

DIE SCHULLEITERIN *(fassungslos)*: Was sagen Sie denn da, Daniel??

DIE FRAU: Was haben Sie gesagt??

DER MANN: Sie lieben meinen Sohn, Monsieur??

DER LEHRER: Und ich bin stolz drauf und ich schäme mich nicht, es zu sagen, und habe absolut nicht die Absicht, mich zu verstecken.

DIE FRAU: Wir werden Sie anzeigen!!

DER MANN: Haben Sie Kinder, Monsieur??

DER LEHRER *(außer sich)*: Ja, Monsieur. Ich habe fünfundzwanzig Kinder, jeden Tag, seit zehn Jahren. Kinder, denen ich versuche, ein Höchstmaß an Zeit, Aufmerksamkeit, aber auch an Liebe und Zuneigung zu schenken. Denen ich Werte wie Liebe zu vermitteln versuche, und wenn es einem schlecht geht, und das kommt öfters vor, versuche ich, ihm zu helfen, ihn zu unterstützen, ich handle mit meinem Herzen und nicht wie ein Beamter, der nur nach Vorschriften handelt ... Und das werfen Sie mir vor?? Mit meinem Herzen und mit Liebe zu Ihrem Kind gehandelt zu haben??

DIE FRAU: Hören Sie auf, über Liebe zu sprechen, dieses Wort „Liebe" auszusprechen, das ist unerträglich.

DER LEHRER: Sie sind Idioten, und das sage ich Ihnen direkt ins Gesicht.

DIE FRAU: Aber geht's noch?

Der Mann wirft sich auf den Lehrer, der nach hinten ausweicht. Die Frau versucht, ihren Mann zurückzuhalten.

DIE SCHULLEITERIN: Hören Sie auf, Daniel, hören Sie auf!!

DER LEHRER: Und Sie sollten sich lieber mal überlegen, warum es Ihrem Kind im Moment so schlecht geht.

DIE SCHULLEITERIN: Hören Sie auf, Daniel!!

DER LEHRER: Nein, ich höre nicht auf, diese Welt geht aus dem Mangel an Liebe zugrunde, wegen solchen Idioten, die anderen eine Lektion erteilen und uns dabei alle in die Katastrophe stürzen.

DIE FRAU *(während sie ihren wutschnaubenden Mann zurückzuhalten versucht)*: Unser Sohn ist eines Kriminellen wegen depressiv ... Er ist missbraucht worden und wir werden beschimpft ... Ich hoffe Sie werden im Gefängnis krepieren, Monsieur.

DER LEHRER: Wissen Sie was? Ich werde Ihnen sagen, was Ihrem Sohn meiner Meinung nach bitter nötig fehlt, und zwar, dass man ihm sagt, dass er geliebt wird! Dass Sie ihm sagen, dass Sie ihn lieben! Glauben Sie, dass Sie ihn beschützen, indem Sie mich hier fertigmachen?? Sie sind sehr stolz auf sich, Sie fühlen sich als Eltern im Recht!!

Wissen Sie, woran Antoine meiner Meinung nach am meisten leidet? Dass seine Eltern unfähig sind, ihm ihre Liebe zu zeigen ...

DIE SCHULLEITERIN *(versucht ihrerseits, die Wut des Mannes in Schach zu halten)*: Seien Sie jetzt still, Daniel.

DER LEHRER: ... Unfähig sind, ihm zu sagen, dass Sie ihn lieben! Und dass sein Lehrer gezwungen ist, Sie zu ersetzen, wo es doch nicht seine Aufgabe ist! Das ist das eigentliche Problem Ihres Sohnes, und anstatt dem Problem ins Auge zu sehen und sich damit zu befassen, weil Sie Angst davor haben, gehen Sie auf mich los ...

DER MANN: Wir machen Sie fertig, Monsieur Jobert, verlassen Sie sich darauf, wir zerstören Sie und machen Sie unschädlich.

DER LEHRER: Machen Sie das, ich bin bereit.

Das Paar geht.
Schwarz.

11 – WARTEN

Nachts, in einer Wohnung. Ein Mann geht einen Flur entlang, der zu einem kleinen Wohnzimmer führt. Eine Frau steht neben einem Sessel und wartet auf ihn.

DER MANN: Guten Abend.

DIE FRAU: Guten Abend.

DER MANN: Störe ich Sie vielleicht ...??

DIE FRAU: Nein, nein.

DER MANN: Ich habe Licht unter Ihrer Tür gesehen. Da war mir klar, dass Sie noch nicht im Bett sind.

DIE FRAU: Ja ... Kommen Sie rein.

DER MANN: Meine Frau ist immer noch nicht nach Hause gekommen ... Da habe ich gedacht, dass ich ebenfalls Mühe haben werde, einzuschlafen ...

DIE FRAU: Ach ja ...? Das haben Sie gut gemacht. Mein Mann ist auch noch nicht nach Hause gekommen.

DER MANN: Ja, ich weiß ... Ehrlich gesagt ... lausche ich seit über zwei Stunden auf jedes Geräusch im Treppenhaus und ich habe Ihren Mann nicht nach Hause kommen hören ...

DIE FRAU: Hat Ihre Frau Sie nicht angerufen?

DER MANN: Nein.

DIE FRAU: Mein Mann hat mich auch nicht angerufen ...

Die Frau setzt sich in einen Wohnzimmersessel, der Mann auch.

DER MANN *(nach einer Pause)*: Waren Sie mit etwas beschäftigt?

DIE FRAU: Nein, ich war mit nichts beschäftigt.

Man hört Geräusche aus dem Treppenhaus.
Die Frau steht plötzlich auf.

DIE FRAU: Es scheint so, als würde jemand die Treppe hochgehen.

DER MANN *(steht auf)*: Ja, da ist jemand.

DIE FRAU: Wie viel Uhr ist es ...?? Ist es eine Frau?

DER MANN: Ja.

Man hört, wie sich eine Tür im unteren Stockwerk schließt.

DER MANN *(enttäuscht)*: Nein, das war im Vierten.

Beide setzen sich, sichtbar enttäuscht.

DIE FRAU: Neulich Abend haben wir darüber gelacht, erinnern Sie sich??

DER MANN: Ja, wir haben gelacht. Dabei war es nicht besonders lustig.

DIE FRAU: Nein, das ist wahr ... Trotzdem es ist komisch.

DER MANN: Ja ... vor ein paar Monaten kannten wir uns noch nicht mal, manchmal trafen wir uns auf dem Flur ... Und heute verbringen wir unsere Abende zusammen.

Man hört ein Geräusch im Treppenhaus. Sie richten sich plötzlich beide auf, um den Ursprung des Geräusches herauszufinden. Pause. Man hört nichts mehr. Sie setzen sich wieder, sichtbar enttäuscht.

DIE FRAU *(nach einer Pause)*: Mein Mann und ich, wir haben zueinander ein unermessliches Vertrauen ... Wir haben geheiratet, weil wir uns wiedererkannt haben, als wenn wir im anderen einen Teil von uns selbst gefunden hätten, der uns fehlte ... Er ist in meinem Leben unentbehrlich, wie ich es auch in seinem bin ... Er ist der Mann meines Lebens ... Er ist der Mann, der mein Leben bis zu meinem Tod ausfüllen wird ... Ich werde Ihnen ein Geheimnis anvertrauen: Wir haben gerade beschlossen, ein Kind zu bekommen. Wir haben es beschlossen und wir ziehen wahrscheinlich bald um.

DER MANN: Das ist großartig.

Pause.

DIE FRAU: Es ist schon zwei Uhr, das war's, glaube ich. *(Den Tränen nah, bitter)* Ich bin müde ... Ich hab's satt ... Ich werde morgen früh, wenn ich aufstehe, schrecklich aussehen.

DER MANN: Machen Sie sich keine Sorgen. Ich finde, dass Sie eher hübsch sind ... auch müde ... Das fällt mir nicht zum ersten Mal auf. *(Kurze Pause.)* Ich sage „eher hübsch", um Sie nicht in Verlegenheit zu bringen ... Aber ich meine „sehr hübsch", entschuldigen Sie.

DIE FRAU: Das ist völlig unwichtig.

Kurze Pause.

Der Mann: Mit meiner Frau habe ich beschlossen, kein Kind zu bekommen, wir denken, dass Kinder für unser gemeinsames Leben nicht unbedingt notwendig sind ...

Die Frau: Möchten Sie, dass wir Musik auflegen?

Der Mann: Vielleicht ist es gut, wenn ich nach Hause gehe, es ist spät.

Die Frau: Wir machen doch nichts Böses.

Der Mann: Nein, natürlich ...

Man hört Schritte im Treppenhaus.

Die Frau *(steht lebhaft auf)*: Ah, ich höre Schritte im Treppenhaus. *(Kurze Pause.)* Ich habe eine Stimme gehört.

Der Mann *(steht auf)*: Es hörte sich wie die Stimme Ihres Mannes an.

Die Frau: Ja, aber da sind zwei Personen ... Vielleicht das Paar aus dem Dritten.

Der Mann: Ja, aber ich habe jetzt den Eindruck, sie sind über den dritten Stock hinaus.

Die Frau *(lächelt)*: Es gibt doch nur fünf Stockwerke, diesmal kann es nur noch für uns sein ...!! *(Man hört das Gemurmel deutlicher, es scheint vom Treppenabsatz vor der Wohnungstür herzukommen. Sichtbar erstaunt)* Es ist Ihre Frau, begleitet von meinem Mann.

Der Mann *(überrascht)*: Ja, erstaunlich ... *(Kurze Pause.)* Sie müssen sich unten begegnet sein, vor dem Eingang oder auf dem Parkplatz. Sie flüstern, sie haben Angst, uns zu stören oder uns zu wecken ... Komisch, vielleicht sollte ich gehen.

Die Frau: Vielleicht wäre es ein bisschen merkwürdig, wenn Sie jetzt rausgehen würden, oder? Wo sie doch auf dem Flur sind ...

Der Mann: Als ob wir uns etwas vorzuwerfen hätten?

Die Frau: Ja, vielleicht ... *(hört aufmerksam hin)* Ich höre ihre Stimmen nicht mehr.

Der Mann: Entschuldigen Sie, ich würde ungern meine Frau

wissen lassen, dass ich fieberhaft auf sie gewartet habe ... Wir könnten sagen, dass Sie mich um einen Gefallen gebeten haben, dass ich zu Ihnen gekommen bin und dass wir dann diskutiert haben und gar nicht gemerkt haben, wie die Zeit vergeht.

DIE FRAU: Ja, das ist gut, aber nichts Doppeldeutiges.

DER MANN: Ja, natürlich. Was könnte denn doppeldeutig sein?

DIE FRAU: Nein nichts, natürlich ...

Aus dem Flur hört man Atemgeräusche, die immer lauter werden, dann Stöhnen, mehr oder weniger zurückgehaltene Lustgeräusche. Der Mann und die Frau hören zu. Ihre Gesichter entstellen sich.
Lange Pause.

DER MANN *(niedergeschlagen)*: Oder vielleicht wäre etwas Doppeldeutiges ganz angebracht??

DIE FRAU *(niedergeschlagen)*: Künstlich Eifersucht zu erzeugen, um meinen Mann und Ihre Frau zu beunruhigen, solche Spiele mag ich gar nicht.

DER MANN *(setzt sich wieder in den Sessel)*: Ich auch nicht, ich kann dieses Verhalten bei anderen nicht leiden ... Ich habe mich nie so verhalten, zu meiner Frau. Das sind perverse und gefährliche Spiele.

DIE FRAU *(setzt sich wieder)*: Ja, absolut.

DER MANN: Meine Frau und ich haben uns versprochen, uns nicht auf ein solches Mittelmaß herabzulassen, wie die meisten anderen Menschen ...

DIE FRAU: Das muss nicht sein. Da bin ich Ihrer Meinung. In der Liebe sind Vertrauen und Eleganz das Wichtigste.

DER MANN: Man muss es mit der Liebe genau nehmen, sie ist eine ewige, absolute Einheit oder es gibt sie nicht ...

DIE FRAU: Genau.

Das Stöhnen auf dem Flur wird immer lauter.

DIE FRAU *(steht auf)*: Ich dachte, ich könnte ein bisschen Musik machen ... Was meinen Sie?
DER MANN: Ja, natürlich, gerne.

Die Frau legt Musik auf, sehr laut. Die Musik übertönt ein wenig das Stöhnen aus dem Flur.

DIE FRAU *(lyrisch, mit lauter Stimme, um das Stöhnen auf dem Flur zu übertönen)*: Man muss vor allem innere Größe bewahren ... Man muss sich treu bleiben. Es kann uns nichts Schlimmes passieren, solange wir das, woran wir glauben, in uns bewahren.
DER MANN *(lyrisch, laut)*: Darin bin ich mit Ihnen absolut einverstanden, genau so sehe ich das auch.
DIE FRAU: Jetzt sind wir uns nah, Sie und ich.
DER MANN: Ja, das ist sehr besonders, ich spüre das auch.
DIE FRAU: Und es ist sehr angenehm ... sich so zu verstehen.

Jemand, der singt, erscheint. Eine melancholische Melodie. Er oder sie singt in einer erfundenen Sprache, mit einer seltsamen Stimme.
Die „Liebesgeräusche" auf dem Flur lassen allmählich nach. Der Mann und die Frau sehen sich an, stehen auf, gehen aufeinander zu, umarmen sich und fangen an zu tanzen.
Schwarz.

12 – KRIEG

Ein sitzender Mann. Sein Sohn, in Soldatenuniform, steht hinter ihm.

DIE FRAU *(kommt völlig aufgebracht herein)*: Was ist los? Ist das wahr, was dein Sohn mir gerade mitgeteilt hat?

Der Mann: Wahrscheinlich. Warum sollte er dich anlügen.

Die Frau: Hast du es gewusst??

Der Mann: Ja.

Die Frau: Warum hast du es mir nicht gesagt??

Der Mann: Ich wollte, dass er persönlich mit dir spricht.

Die Frau: Und du hast ihn nicht davon abgehalten??

Der Mann: Nein.

Die Frau: Aber du wirst ihn davon abhalten?

Der Mann: Warum sollte ich ihn davon abhalten? Er ist doch ein Mann.

Die Frau: Er ist ein Kind.

Der Mann: Und ich bin stolz auf ihn.

Die Frau: Du bist stolz, dass er weggeht, um zu sterben? Dein Sohn?

Der Mann: Ja. Ich bin stolz auf seinen Mut und auf seine Willenskraft. Er hat beschlossen sein Leben einzusetzen, um anderen das Leben zu retten, Leuten wie dir und mir, am anderen Ende der Welt.

Die Frau: Ihm ist überhaupt nicht klar, was er macht, er ist zu jung ... Es ist gefährlich, er wird umkommen.

Der Mann: Ich weiß um die Gefahr und ich habe auch Angst.

Die Frau: Wie bitte??

Der Mann: Sich zu belügen, nützt nichts. Er weiß, was ihn erwartet. Wenn etwas passieren sollte, wäre ich verrückt vor Schmerz, aber ich wäre bestimmt auch stolz.

Die Frau: Stolz, dass dein Kind stirbt? Nie hätte ich mir vorstellen können, solche Worte aus dem Mund des Vaters meines Kindes zu hören.

Der Mann: Es ist Krieg. Da ist es zwangsläufig so, dass auch Kinder von Eltern, wie wir es sind, sterben müssen.

Die Frau: Es ist widerlich, was du sagst. Dieser Krieg geht ihn nichts an.

Der Mann: Er geht uns alle an, er geht auch ihn etwas an ... Es ist ein wichtiger Krieg und er ist leider notwendig. Ich bin traurig, dass du das nicht verstehst.

Die Frau: Was ist los? Was hast du gemacht?

DER MANN: Ich habe nichts gemacht, unser Sohn hat alles gemacht. Er hat sein Leben in die Hand genommen, könnte man sagen.

DIE FRAU: Bring ihn davon ab! Verbiete ihm, sterben zu gehen.

DER MANN: Nein, es ist seine Entscheidung. Er ist jetzt verantwortlich für sein Leben.

DIE FRAU: Nie hat uns etwas getrennt oder gar entzweit, keine Entscheidung, kein einziger Streit, nichts, und jetzt plötzlich das?? Das kann nicht wahr sein ...!! Du solltest dein Kind beschützen, weil es die Frucht unserer Liebe ist.

DER MANN: Entschuldige, wir können nicht unser ganzes Leben innerhalb unserer kleinen Liebe gefangen bleiben. Schau dir unseren Sohn an, er verspürt die Notwendigkeit, das große Ganze zu sehen.

DIE FRAU: Wie furchtbar!!

DER MANN: Er sorgt sich um die anderen, deren Leid ihm unerträglich ist, auch das ist Liebe.

DIE FRAU: Du findest also, unsere Liebe ist zu klein geworden??

DER MANN: Darauf antworte ich nicht, so blöd ist das.

DIE FRAU: Seit wann liebst du mich nicht mehr?

DER MANN: Du redest Unsinn.

DIE FRAU: Antworte mir, anstatt dich hinter deinen großen Reden und diesem Krieg zu verstecken ... Du weißt sehr wohl, dass du uns zerstörst, wenn du unseren Sohn gehen lässt ... Aber du machst es trotzdem!! Dann lass uns beide hier Schluss machen, aber verschone ihn, ich flehe dich an.

DER MANN: Ich will mit uns nicht Schluss machen.

DIE FRAU: Es ist die einzige logische Erklärung zu alldem, was du sagst. Du bist bereit, ihn sterben zu lassen, dabei sind wir beide es, die du loswerden willst.

DER MANN: Ich will nicht, dass mein Sohn stirbt und ich will nicht mit uns Schluss machen.

DIE FRAU: Du lügst. Wenn du nichts unternimmst, um unseren Sohn zu retten, dann verlierst du mich für immer. Das weißt du doch ganz genau.

Der Mann: Sind das deine Waffen?

Die Frau: Ja, sieht so aus, als wäre Krieg zwischen uns ausgebrochen.

Der Mann: Du bringst unsere Liebe und das Leben unseres Kindes in Zusammenhang?? Du bist abscheulich.

Die Frau: Nein, das ist der Krieg, der so ist, der so dreckig ist. Du kämpfst als Verräter, du gehst verdeckt vor ... Du versteckst, dass du mich nicht mehr liebst, hinter großen Prinzipien und Idealen ... Verschone mein Kind.

Der Mann: Es ist zu spät.

Die Frau: Zu spät?

Der Mann: ... Es tut mir leid. Entschuldige, heute gibt es für mich Wichtigeres und Dringenderes als diese Idee von unserer Liebe, die du hier verteidigst ...

Der Mann geht stillschweigend ab. Sein Sohn folgt ihm, ohne einen Blick auf seine Mutter zu werfen.
Schwarz.

13 – KINDER

In einem Wohnungsflur. Eine Frau in Gouvernantenkleidung, den Blick auf die Eingangstür gerichtet. Man hört Schlüssel im Schloss. Eine Frau tritt herein, gefolgt von einem Mann.

Die Frau *(beim Hereinkommen)*: Guten Abend.

Die Babysitterin: Guten Abend, Madame.

Die Frau: Alles in Ordnung? War der Abend nicht zu anstrengend?

Sie geht in die Schlafzimmer.

DIE BABYSITTERIN *(fühlt sich sichtbar unbehaglich)*: Nein, alles gut.

DER MANN *(beim Hereinkommen)*: Guten Abend, Madame.

DIE BABYSITTERIN: Guten Abend, Monsieur.

DER MANN *(bleibt bei der Babysitterin stehen)*: Wie geht's? Alles in Ordnung?

DIE BABYSITTERIN *(unbehaglich)*: Ja, ja.

DER MANN: War alles in Ordnung während des Abendessens?

DIE BABYSITTERIN *(unbehaglich)*: Ja ... alles gut.

DER MANN: Waren sie nicht zu unruhig?

DIE BABYSITTERIN: Nein, nein.

DER MANN: Sie waren ein bisschen unruhig, oder?

Die Babysitterin antwortet nicht.
Die Frau kommt wieder.

DIE FRAU *(völlig aufgeregt)*: Wo sind die Kinder??

DIE BABYSITTERIN *(überrascht)*: Wie bitte??

DIE FRAU: Wo sind die Kinder?? Um diese Uhrzeit!

DER MANN *(schaut die Frau zweifelnd an)*: Was erzählst du da??

DIE FRAU: Die Kinder sind nicht in ihren Zimmern, ich frage Sie, wo sind die Kinder?

DIE BABYSITTERIN *(sichtbar erschrocken)*: Ich verstehe nicht.

DER MANN: Was erzählen Sie da?? Sind sie nicht in unserem Zimmer?

Er geht.

DIE FRAU *(immer panischer)*: Madame, ich frage Sie, wo haben Sie unsere Kinder hingetan??

DIE BABYSITTERIN: Und ich sage Ihnen, ich verstehe nicht, was Sie meinen.

Ihr nervöses Lachen wirkt ungewollt unheimlich.

DIE FRAU *(stellt fest)*: Diese Frau spinnt ... *(Zum Mann, der wiederkommt)* ... Im Badezimmer, den Toiletten, schau nach.

Der Mann geht.

DIE FRAU: Ich verlange eine Antwort! Was haben Sie mit unseren Kindern gemacht? Wo sind sie?? Antworten Sie!!
DIE BABYSITTERIN: Ich verstehe überhaupt nichts.
DIE FRAU: Aber was ist los? Sagen Sie uns bitte, was los ist!!
DIE BABYSITTERIN *(erschrocken, lacht immer nervöser)*: Hören Sie auf, bitte ... Hören Sie auf!
DER MANN *(kommt wieder)*: Nein, sie sind nicht da!! Was ist los?? Was ist das für ein Alptraum!
DIE FRAU *(zu ihrem Mann)*: Sie ist völlig verrückt!
DER MANN *(zur Babysitterin)*: Wenn Sie nicht sofort antworten, ich warne Sie, werde ich gewalttätig ... Sagen Sie uns, was mit den Kindern passiert ist!
DIE BABYSITTERIN: Es gibt keine Kinder.
DIE FRAU *(immer panischer)*: Ich will nicht, dass ihnen Leid angetan wird.
DER MANN: Beruhige dich.
DIE FRAU *(schreit)*: Ruf die Polizei an!!
DER MANN *(zur Babysitterin)*: Erklären Sie uns, was los ist! Scheiße!
DIE BABYSITTERIN: Ich versteh überhaupt nichts.
DER MANN: Ich will, dass Sie uns sagen, was Sie mit den Kindern gemacht haben!!
DIE BABYSITTERIN: Da waren keine Kinder ...
DIE FRAU: Ruf an.
DER MANN: Ich rufe an.

Er nimmt sein Handy und wählt eine Nummer.

DIE FRAU: Scheißescheißescheißescheißescheißescheißescheißescheißescheißescheiße!

Der Mann *(am Handy)*: Guten Abend, Monsieur. Wir sind ausgegangen und haben unsere Kinder einer staatlich geprüften Babysitterin anvertraut. Wir sind gerade nach Hause gekommen, die Kinder sind verschwunden und die Babysitterin verweigert jede Antwort, sie antwortet völlig zusammenhanglos ... Aber nein, Monsieur, ich sage Ihnen, es gibt keine andere Erklärung für die Situation, diese Frau gibt uns keinerlei Erklärungen.

Die Babysitterin: Völlig absurd, ich will nach Hause.

Die Frau *(bedroht die Babysitterin)*: Sie sind völlig verrückt ... Wenn meinen Kindern irgendetwas passiert ist, bringe ich Sie um.

Der Mann *(am Handy)*: Avenue de la Séparation 15, siebter Stock, gegenüber dem Aufzug.

Die Frau *(zum Mann)*: Unseren Kindern ist ein Unglück geschehen!! Mein Liebling! Unseren Kindern ist ein Unglück geschehen!

Der Mann: Aber nein.

Die Frau: Warum warum warum warum warum?? Sag es mir!

Der Mann *(versucht, die Frau zu beruhigen)*: Hör auf!! Wir werden die richtige Erklärung finden, wir werden sie wiederfinden, und zwar schnell. *(Drohend zur Babysitterin, immer aufgebrachter)* Oder ...?? Sie haben ihnen doch nicht weh getan, oder?? Sagen Sie's mir ...? Sie haben unseren Kindern nicht weh getan ...?? Sie haben Kinder gern, oder?? Haben Sie gesundheitliche Probleme?? Sind Sie in besonderer Behandlung??

Der Mann nimmt sich zusammen, zwingt die Babysitterin, sich ihm gegenüber zu setzen.

Der Mann: Jetzt beruhigen wir uns erst mal und Sie erklären uns in aller Ruhe, was vorgefallen ist. Sie erzählen uns ... was heute Abend vorgefallen ist ... Los!!

Die Babysitterin: Nichts ist vorgefallen. Ich habe darauf gewartet, dass Sie nach Hause kommen, mir war nicht wohl dabei, und das ist alles.

DER MANN: Warum war Ihnen nicht wohl dabei?

DIE BABYSITTERIN: Ich hätte Ihren Vorschlag nicht annehmen sollen.

DER MANN: Was meinen Sie?

DIE BABYSITTERIN: Auf Kinder aufzupassen, obwohl gar keine Kinder da waren.

DER MANN: Es waren keine Kinder da??

DIE FRAU *(weinend)*: Wie kannst du so ruhig bleiben?

DIE BABYSITTERIN: Nein, Sie haben keine Kinder ... und Sie wissen es ganz genau.

DIE FRAU *(heftig zur Babysitterin)*: Die Polizei kommt gleich und Sie werden sich verantworten müssen, Sie Wahnsinnige!!

DER MANN *(zur Frau)*: Beruhige dich.

DIE FRAU: Wir sind dabei, Zeit zu verlieren ... Ist dir klar, dass unsere Kinder irgendwohin verschwunden sind, und wir hängen hier rum und tun nichts ...

DER MANN *(platzt, zur Frau)*: Hast du eine andere Lösung?? Was willst du machen?? Willst du runtergehen ...? Wie ein Hase durch die Straßen der ganzen Stadt rennen?? Wer sagt dir denn, dass sie nicht schon weit weg sind? Oder hier, ganz in unserer Nähe ...? Wir müssen versuchen zu verstehen, was dieses Weib im Kopf hat ... Um herauszufinden, was sie gemacht hat. Also hilf mir bitte lieber ein bisschen ...

DIE FRAU: Jedenfalls ... ist die Polizei gleich da ...

DER MANN *(beruhigt sich, zur Babysitterin)*: Sie sagen, wir hätten keine Kinder?

DIE BABYSITTERIN: Nein.

DER MANN: Und warum hätten wir sie Ihnen dann heute Abend anvertraut und Sie gebeten, auf sie aufzupassen??

DIE BABYSITTERIN: Weil Sie so tun als ob!

DER MANN: Ach ja?

DIE BABYSITTERIN: Ja ... Weil Sie das brauchen, das haben Sie mir gesagt!!

DER MANN: Ach ja?

DIE BABYSITTERIN: Ja, Sie müssen so tun als ob. Ich hab mich gefragt, ob ich bleiben soll, als ich von der Situation hier erfuhr ... Aber schließlich habe ich angenommen! Ich brauche Geld ...

DER MANN: Aber warum sollten wir so etwas machen?

DIE BABYSITTERIN: Sie haben mir gesagt, dass Sie das brauchen.

DER MANN: Das alles habe ich Ihnen erzählt ... Ich??

DIE FRAU: Ich kann das nicht mehr mit anhören ... Wo bleiben die Bullen??

DIE BABYSITTERIN *(spricht weiter zum Mann)*: Und nachdem Sie mir das alles erzählt haben, beim Gehen, als wir an der Tür standen, mir war nicht wohl dabei, haben Sie mir mit einem komischen Blick gesagt: „Passen Sie wirklich gut auf unsere Kinder auf." ... Ich habe gesagt: „Okay, einverstanden." ... „Ich bitte Sie ausdrücklich"!! Das haben Sie zu mir gesagt, „ausdrücklich" ... Unsere Kinder sind unser Ein und Alles ... Sorgen Sie dafür, dass ihnen nichts passiert ... Ich habe geantwortet, dass ich mein Möglichstes tun werde ... Mir war sehr unwohl dabei.

DER MANN: Ausdrücklich? Habe ich das gesagt?

DIE BABYSITTERIN: Ja, ausdrücklich!!

DIE FRAU: Sie ist geisteskrank, ich habe sehr große Angst, Franck.

DER MANN: Bitte, es bringt nichts, mit Ihnen zu sprechen, Sie sind verrückt ... Ich flehe Sie nur an ... Bringen Sie sie uns gesund und wohlbehalten wieder, bringen Sie sie uns lebend wieder, bitte, ich flehe Sie an.

DIE BABYSITTERIN: Ich kann nicht mehr.

DIE FRAU *(beschwichtigend)*: Im Grunde sind Sie ein guter Mensch, vielleicht sind Sie auch selbst Mama, oder? Egal, was Sie dazu gebracht hat, sagen Sie uns, wo unsere Kinder sind und ob es ihnen gut geht.

Es klopft an der Tür, man hört Stimmen: „Polizei, aufmachen".

Die Frau: Da ist die Polizei ...!

Der Mann *(als ob er noch einmal verhandeln wollte)*: So, jetzt reißen Sie sich zusammen, sagen Sie uns, wie die Dinge abgelaufen sind ... Haben Sie ganz einfach Mitleid ... Unsere Kinder sind das Kostbarste und Wertvollste in unserem Leben ...

Es wird heftig an die Tür geklopft, Stimmen: „Polizei, aufmachen!"

Der Mann und die Frau *(flehend, sie fallen sich gegenseitig ins Wort)*: Wenn Sie uns die Kinder wegnehmen, hört unser Leben auf. Dann existieren wir nicht mehr. Unsere Geschichte würde sinnlos sein, alles ginge unter. Unser Leben hätte keine Realität, keine Rechtfertigung mehr und wir würden uns schließlich beide verlieren. Erst würden wir uns entfremden und uns dann verlieren, ganz und gar. Unsere Geschichte wird nach und nach in sich zusammenfallen, wie Staub. Denn im Grunde, das müssen wir eingestehen, haben wir uns nichts wirklich Wichtiges zu sagen, nichts zu teilen ... nichts wirklich Gemeinsames, nichts Wichtiges, das wir zusammen tun könnten, nichts wirklich Notwendiges und Entscheidendes, ohne unsere Kinder. Und dann werden wir zu zwei Fremden, zu zwei Gespenstern, einer für den anderen, und das wollen wir nicht ... Nein, davor haben wir Angst wie vor dem Tod ... Wir wollen uns als Paar nicht verlieren ... Das hält unsere Beziehung am Leben. Wissen Sie, eine Beziehung ist wie ein Lebewesen. Es kann ein Leben ersetzen, eine Beziehung, das ist ein wesentlicher Anhaltspunkt, wie ein Scheinwerfer, der das Leben erleuchtet, unser Leben. Eine Beziehung ist auch ein Licht, das den anderen signalisiert, dass man lebt. Das hat uns der Psychotherapeut, den wir besuchen, erklärt. Unsere Beziehung baut auf unseren Kindern auf ... Ohne Kinder verschwinden wir nämlich, wir haben keine eigene Identität, null Identität ... Und nun?? Haben Sie jetzt nicht Mitleid mit uns?? Bitte. Antworten Sie. Geben Sie uns unsere Kinder zurück. Geben Sie sie uns zurück!

Die Babysitterin bleibt still.

DER MANN: Achtung, wir machen die Tür auf ... Und die Polizei wird hereinkommen ... wenn Sie weiterhin schweigen ...

Pause. Die Babysitterin reagiert nicht. Man hört im Hausflur, wie sich die Polizei zurückzieht. Stille ... Die Frau entfernt sich ein paar Schritte und legt sich auf den Boden.

DIE BABYSITTERIN *(zu dem niedergeschlagenen Mann, leise)*: So, dann lasse ich Sie jetzt vielleicht allein ... Könnten Sie mich trotzdem bezahlen ...?? Es tut mir leid, im Moment habe ich es wirklich nötig ...

DER MANN: Natürlich. *(Zu seiner Frau)* Hast du Bargeld?

DIE FRAU *(am Boden)*: Du kannst mich mal, Arschloch.

DER MANN: Natürlich. *(Er holt sein Portemonnaie und zieht Scheine heraus.)* Hier.

DIE BABYSITTERIN *(nimmt die Scheine)*: Danke.

DER MANN: Danke. Es tut mir leid.

DIE BABYSITTERIN: Und mir tut es leid für Sie ... Auf Wiedersehen.

DER MANN: Auf Wiedersehen.

Die Babysitterin geht. Man hört, wie die Tür geschlossen wird.
Schwarz.

14 – GEDÄCHTNIS

Eine Allee in einem Krankenhauspark. Ein Mann scheint auf eine Frau zu warten, die sich nicht entschließen kann, ihm zu folgen.

DER MANN: Komm, wir laufen ein bisschen, Cécile.
DIE FRAU: Warum?
DER MANN *(sichtbar nervös, bemüht sich, in einem angemessenen Ton zu sprechen)*: Weil es an der Zeit ist, spazieren zu gehen, ein bisschen zu laufen ... wie jeden Tag, und weil es jetzt einfach so ist.

Er geht los.

DIE FRAU *(folgt ihm schließlich)*: Ach ja, laufen wir jeden Tag?
DER MANN: Ja.
DIE FRAU: Ach ja?
DER MANN *(versucht, seine Gereiztheit zu unterdrücken)*: Willst du heute nicht laufen??
DIE FRAU: Doch, doch ... Wie jeden Tag?
DER MANN: Quasi.
DIE FRAU: Und zusammen?
DER MANN: Absolut.
DIE FRAU: Ach ja. Ich kann mich nicht an Sie erinnern ... Wer sind Sie eigentlich?
DER MANN *(ruhig, überdrüssig)*: Ich bin dein Mann.
DIE FRAU: Mein Mann?
DER MANN: Ja.
DIE FRAU: Sind wir verheiratet??
DER MANN: Absolut.
DIE FRAU: Ach ja? Na, so was ...!! Wir sind verheiratet?! Sie und ich?!
DER MANN: Absolut.
DIE FRAU: Seit wann?
DER MANN: Siebzehn Jahre.

DIE FRAU: Ist das lang ...?? Ich meine von der Dauer her?
DER MANN: Ja, ziemlich.
DIE FRAU *(versucht, es sich bewusst zu machen)*: Sie sind mein Mann!? Wie heißen Sie?
DER MANN: Serge!
DIE FRAU *(lacht überrascht)*: Serge??
DER MANN *(ein bisschen beleidigt)*: Übrigens kannst du mich duzen!!
DIE FRAU: Natürlich, wir sind ja verheiratet. Das ist wirklich erstaunlich ...
DER MANN: Ja, ich weiß.
DIE FRAU: Ich bin also Ihre Frau?
DER MANN: Jawohl.
DIE FRAU: Ich bin deine Frau, das ist komisch ... Was machst du beruflich ...?
DER MANN: Ich verkaufe Autos.
DIE FRAU: Ist das ein Beruf?
DER MANN *(hat Schwierigkeiten, seine Gereiztheit zu unterdrücken)*: Ja, das ist ein Beruf.
DIE FRAU: Und leben wir zusammen?
DER MANN: Nein, wir leben nicht mehr zusammen ... Du lebst hier ...
DIE FRAU: Also sind wir getrennt?
DER MANN: Ja und nein. Du bist im Krankenhaus ... Seit zwei Jahren.
DIE FRAU: Ach, du Scheiße!!
DER MANN: Ja.
DIE FRAU: Was ist mir passiert??
DER MANN *(bleibt stehen)*: Ach nein, nicht diese Geschichte schon wieder, bitte.

Er geht weiter.

DIE FRAU *(enttäuscht, folgt dem Mann)*: Ach so!? Es erschien mir wichtig, aber na ja ... Jedenfalls habe ich wohl fast kein Gedächtnis mehr ... Ich kann es kaum fassen, dass ich mit

Ihnen verheiratet bin ... Heißt das, dass wir verliebt sind?? Oder dass wir es wahrscheinlich waren ...!! Komisch.

DER MANN: Was ist komisch?

DIE FRAU: Na, diese Idee!! Scheint so, als hätte ich Sie das alles schon mal gefragt?

DER MANN: So ungefähr jeden Tag.

DIE FRAU: Stelle ich Ihnen jeden Tag Fragen?

DER MANN: Ja, ungefähr um die gleiche Uhrzeit, um diese Zeit komme ich bei dir vorbei ... Das ist für mich am günstigsten ... Dann gehen wir ... so wie jetzt, und du fragst mich ... Meistens als erstes: „Aber wer sind Sie?" und hopp, dann geht's los ...

DIE FRAU: Das ist nervig ... Ich kann mich daran nicht erinnern ...

DER MANN: Nein, überhaupt nicht ... Es ist nervig. Aber das ist nicht schlimm ... Da gibt es noch schwierigere Leben als das Unsere ... Man sollte sich nicht beschweren ...

DIE FRAU: Nein, aber ist doch blöd ...? Offensichtlich ist nicht jeder so. Haben wir Kinder?

DER MANN: Zwei.

DIE FRAU *(sehr überrascht)*: Ach ja?? Wie alt sind sie?

DER MANN: Dreizehn und siebzehn.

DIE FRAU: Mädchen oder Junge?

DER MANN: Beides.

DIE FRAU: Und sie heißen?

DER MANN: Antoine und Marie-Ève.

DIE FRAU *(bleibt stehen)*: Ach ja??

DER MANN *(trocken, geht weiter)*: Was? Magst du heute ihre Vornamen nicht??

DIE FRAU: Das habe ich nicht gesagt ... *(Sehr gerührt)* Ich habe Kinder ...??

DER MANN: Ja, du hast Kinder, wir haben Kinder.

DIE FRAU *(den Tränen nahe)*: Aber wie ist das möglich!? *(Holt den Mann ein)* Warum kommen sie mich nicht besuchen??

DER MANN: Aber sie kommen dich doch besuchen ... Natürlich. Vor allem am Wochenende ... Sie sind vor zwei Tagen hergekommen.

DIE FRAU: Vor zwei Tagen?
DER MANN: Sei unbesorgt, sie haben dich sehr lieb.
DIE FRAU: Ach ja? Und ich?? Habe ich sie auch lieb?
DER MANN: Ja, sicher!! Sehr. Natürlich.
DIE FRAU: Ich kann es wirklich kaum erwarten, sie zu treffen. *(Kurze Pause.)* Lieben Sie mich auch?
DER MANN: Ja, absolut.
DIE FRAU: Eigentlich bin ich mir noch nicht ganz sicher, ob ich in Sie verliebt bin ... Das scheint mir alles ein bisschen sehr schnell zu gehen ...
DER MANN: Ich weiß, mach dir keine Sorgen.
DIE FRAU: Für verheiratete Leute ist es doch peinlich, nicht sicher zu sein, ob man sich liebt, finden Sie nicht??
DER MANN *(in gelassenem Tonfall)*: Nein, nein, das ist nicht schlimm.
DIE FRAU: Ach ja?
DER MANN *(überdrüssig)*: Ist mir scheißegal.
DIE FRAU: Ach ja??
DER MANN *(bleibt plötzlich stehen, regt sich auf)*: Entschuldige, aber versuche mich doch bloß zu duzen ... An manchen Tagen schaffst du es!!

Kurze Pause.

DIE FRAU: Einverstanden ... Entschuldige, kann ich dir noch eine andere Frage stellen: Haben wir schon mal miteinander geschlafen?
DER MANN: Ja sicher!! Mindestens zweimal.
DIE FRAU: Machst du Witze??
DER MANN: Ja, sicher.
DIE FRAU: Haben wir schon mal miteinander geschlafen oder nicht??
DER MANN: Ja, sicher haben wir miteinander geschlafen, natürlich. Hör mal, ich weiß, du machst es nicht mit Absicht, aber heute machen mich deine Fragen wirklich mehr und mehr verrückt, entschuldige!! Zumal ... ich bin müde.

Er ist sehr gerührt.

Die Frau: Entschuldige, ich frage einfach nur ... das erscheint mir normal ...

Der Mann *(kommt wieder ein wenig zu sich)*: Entschuldige, dein Gedächtnis ist nicht mehr in Höchstform, ich nehme dir das nicht übel, manchmal ist es hart, wir haben zwei Kinder zusammen gemacht, ja also. Ja, wir haben zusammen geschlafen. Sogar gestern haben wir miteinander geschlafen, wenn du es hören willst ...

Die Frau: Wir haben gestern miteinander geschlafen??

Der Mann: Ja, sehr schnell, als wir vom Spaziergang in dein Zimmer zurückkamen. Ja, an manchen Tagen hast du große Lust darauf.

Die Frau *(lacht überrascht)*: Ach ja ...?? Ich kann mir das gar nicht vorstellen ...

Der Mann *(beleidigt)*: Tja, so ist es ... *(In einem ziemlich gereizten Ton)* Wir reden so ungefähr wie jetzt. Du stellst mir ungefähr die gleichen Fragen. Und dann, wenn ich dich in dein Zimmer zurückbringe, fragst du mich, ob ich Lust habe ... Du sagst, dass dieses Gespräch mit mir deine Lust geweckt hat ... Lust, mit jemandem zu schlafen ... Dann fragst du mich, ob ich einverstanden wäre, es mit dir zu tun.

Die Frau: So spreche ich mit dir?

Der Mann: Ja, so ungefähr.

Die Frau: Und was antwortest du mir??

Der Mann: Das hängt davon ab. Gestern habe ich dir „einverstanden" geantwortet, ich bin einverstanden, diese Person zu sein ... mit der du deine Lust, mit jemandem zu schlafen, in die Tat umsetzen kannst ...

Eine Pause. Sie gehen schweigend weiter.

Die Frau: Wir könnten uns vielleicht umarmen, wenn Sie möchten??

Der Mann *(bleibt stehen)*: Hast du Lust dazu?

Die Frau *(bleibt stehen)*: Ich weiß nicht, und Sie ...? Und du?

Der Mann *(wie gleichgültig)*: Wenn du Lust dazu hast.

Die Frau: Ich habe den Eindruck, es ist das erste Mal ...

Der Mann: Ich weiß.

Die Frau: Dann können wir es vielleicht versuchen ... Wer fängt an?

Der Mann: Mach du!

Die Frau nähert sich dem Mann, zögert ein wenig und umarmt ihn. Er lässt es geschehen.

Die Frau *(entfernt sich vom Mann)*: Es ist das erste Mal.

Der Mann *(geht wieder weiter)*: Ja, ich weiß.

Die Frau: Dass ich einen Mann umarme. *(Pause.)* Auf welche Art und Weise haben wir uns geliebt, als wir geheiratet haben?

Der Mann *(trocken)*: Wie ein gewöhnliches Paar, das gerade geheiratet hat.

Die Frau: Was ist ein gewöhnliches Paar?

Der Mann: Na, ganz normale Leute, die heiraten.

Die Frau *(enttäuscht)*: Ach ja.

Der Mann *(bleibt stehen, schaut seiner Frau in die Augen, platzt heraus)*: Aber nein, als wir uns kennenlernten, war es perfekt. Wir waren wie zwei Hälften, die sich verloren hatten und die sich wiederfanden. Es war wunderschön. Es war, als wenn Nordkorea und Südkorea ihre Grenzen öffnen und sich wiedervereinigen würden, als wenn Leute, die sich jahrelang nicht sehen durften, wieder zusammenkommen würden. Es war ein Fest, wir fühlten uns verbunden und das schon seit Ewigkeiten.

Pause.
Der Mann geht weiter.

Die Frau *(folgt dem Mann, gerührt)*: Ach ja, war das so ... *(Pause.)* Gibt es heute Dinge, mit denen wir wirklich beide völlig einverstanden sind? Oder die wir am allerliebsten zusammen machen?

DER MANN: Außer miteinander zu schlafen?

DIE FRAU: Ja ...

DER MANN: Pilze sammeln!!

DIE FRAU *(sehr überrascht)*: Ach ja??

DER MANN: Ja.

DIE FRAU: Aber das ist doch lächerlich!!

DER MANN: Absolut. Ich weiß, aber wir machen das unheimlich gern!!

DIE FRAU: Ach ja??

DER MANN: Ja.

DIE FRAU *(bleibt stehen)*: Vielleicht können wir ein bisschen zurück aufs Zimmer, wenn Sie wollen, wenn du willst ... ich bin jetzt müde.

DER MANN *(bleibt stehen)*: Du bist müde?

DIE FRAU: Ja, ein bisschen. Ich möchte aufs Zimmer gehen ...

DER MANN: Na, dann lass uns gehen ... Ich habe noch ein bisschen Zeit.

DIE FRAU: Na, das ist schön ... Ich bin ein bisschen müde.

Sie will rausgehen.

DER MANN: Nein, dein Zimmer ist nicht da.

DIE FRAU *(bleibt stehen)*: Ach ja? Gut.

Sie geht in die andere Richtung.
Der Mann folgt ihr. Sie gehen nebeneinander. Bevor er abgeht, macht der Mann eine kleine liebevolle Handbewegung, fast ungewollt, für seine Frau. Seine Hand berührt flüchtig ihren Rücken.
Schwarz.

15 – LIEBE REICHT NICHT

Ein Schlafzimmer, nachts. Eine Frau zieht sich an, ein Mann liegt im Bett und schläft.

DER MANN *(wacht auf)*: Was machst du?? Kannst du nicht einschlafen?

DIE FRAU: Doch.

DER MANN: Was, doch??

DIE FRAU: Doch, ich kann einschlafen.

DER MANN: Na, warum stehst du dann auf?

DIE FRAU: Ich gehe jetzt.

DER MANN: Wohin gehst du?

DIE FRAU: Zu meinem Bruder.

DER MANN: Zu deinem Bruder?

DIE FRAU: Ja.

DER MANN: Wozu?

DIE FRAU: Ich werde bei ihm wohnen. Wir werden uns nicht wiedersehen. Wir trennen uns.

DER MANN: Wie, wir trennen uns?? Was ist los?? Machst du Witze?

DIE FRAU: Nein.

DER MANN: Es ist doch nichts passiert!! Wir haben uns nicht mal gestritten.

DIE FRAU: Nein.

DER MANN: Na also? Bist du verrückt oder was? Was erzählst du mir da? Du verlässt mich??

DIE FRAU: Ja.

DER MANN: Wann hast du das beschlossen??

DIE FRAU: Ich weiß nicht mehr.

DER MANN: Du bist verrückt.

DIE FRAU: Nein, überhaupt nicht, ich habe viel nachgedacht.

DER MANN: Worüber?

DIE FRAU: Darüber, über uns, über die Liebe, unsere Liebe ... und ich bin mir sicher ...

DER MANN: Worüber bist du dir sicher?

Die Frau: Liebe reicht nicht.
Der Mann: Wie?
Die Frau: Liebe reicht nicht.
Der Mann: Kannst du das bitte wiederholen?
Die Frau: Wir lieben uns, aber das reicht nicht.
Der Mann: Wir lieben uns, aber das reicht nicht?
Die Frau: Ja.
Der Mann: Aber das ist doch Quatsch.
Die Frau: Überhaupt nicht.
Der Mann: Ach ja? Und was fehlt dir?
Die Frau: Ich weiß nicht.
Der Mann: Hast du jemanden kennengelernt?
Die Frau: Überhaupt nicht.
Der Mann: Und du verlässt mich??
Die Frau: Ja.

Sie will gehen.

Der Mann: Aber noch nie hat jemand den anderen aus so einem Grund verlassen.
Die Frau: Das ist nicht sicher.
Der Mann: Ich bin mir ganz sicher ... Wenn du mir das so antust, werde ich damit nicht fertig, das schwöre ich dir ... Rede wenigstens mit mir ... Ich bitte dich.
Die Frau *(geht auf den Ausgang zu)*: Es tut mir wirklich leid. Ich liebe dich, aber das reicht nicht.
Der Mann: So geht das nicht!!
Die Frau: Es tut mir leid.
Der Mann: Ich werde verrückt.
Die Frau: Liebe allein reicht nicht. *(Bleibt stehen, dreht sich um, scheint nachzudenken)* Doch, so ist es, ich weiß, es ist schrecklich, aber Liebe reicht nicht.

Sie geht.
Schwarz.

16 – FREUNDSCHAFT

Sommerabend. Auf einer Terrasse sitzen zwei Männer. Sie scheinen sehr entspannt. Man hört ein Gewitter donnern.

ERSTER MANN: Gut geht's uns hier.

ZWEITER MANN: Die Leute sind nervös, ich war heute Nachmittag in der Stadt.

ERSTER MANN: Ach ja?! Aber hier geht es uns gut, ich glaube, ich war noch nie so glücklich.

ZWEITER MANN: Apropos, kannst du dich an den Tag erinnern, an dem wir Freunde geworden sind, du und ich?

ERSTER MANN: Das war ganz bestimmt ein schöner Tag. Nur, dass wir uns nicht mehr so genau daran erinnern können ... Aber weißt du, für mich ist es, als ob wir schon immer befreundet waren.

ZWEITER MANN: Dabei sind wir es nicht schon immer. Und daran kann ich mich erinnern!

ERSTER MANN *(fast schockiert)*: Du erinnerst dich an die Zeit, in der wir noch nicht befreundet waren?

ZWEITER MANN: Absolut, ja, ich erinnere mich daran ... Ich erinnere mich an die Zeit, in der wir noch keine Freunde waren, sondern Fremde.

ERSTER MANN *(sichtbar sehr betroffen)*: Das ist traurig.

ZWEITER MANN: Ich erinnere mich an die Zeit, in der wir nur Nachbarn waren ... Nachbarn, die in der gleichen Straße wohnten, und ich erinnere mich an die Zeit, in der ich dich vorbeigehen sah, auf deinem Weg nach Hause. Ich dachte: ‚der ist aber unangenehm', und ich fand dich so unangenehm wegen deines Auftretens ... das kam mir vor wie die totale Verachtung gegenüber anderen.

ERSTER MANN *(empört)*: Oje oje, aber nein, das ist nicht wahr, so bin ich nicht.

ZWEITER MANN: Nein, natürlich nicht!! Aber ich fand das verachtend und sogar herablassend!! Ich dachte: ‚diese Person ist bestimmt ziemlich herablassend.'

Erster Mann *(empört)*: Aber nein, das ist nicht wahr!

Zweiter Mann: Du hast mich wie einen Fremden angesehen, du hast mich auf eine Art angesehen, dass ich gedacht habe: ‚der kommt mir aber verächtlich vor, mit seiner herablassenden Art!!'

Erster Mann *(immer stärker getroffen von den Äußerungen des anderen)*: Das kannst du doch nicht sagen! Das ist unmöglich, das ist unmöglich!

Zweiter Mann: Aber doch, natürlich ist das wahr! Aber doch! Ich erinnere mich, ich sehe dich jetzt ganz genau vor mir! Komisch, wie ich das vergessen konnte ... Jetzt ist es wieder da. Wie komisch! Ich sehe dich vor mir, wie du mich mit deiner verächtlichen Art anschaust. Oje, oje!

Erster Mann *(erschüttert)*: Das ist nicht wahr, das ist nicht wahr, du erinnerst dich schlecht. Ich kann mich überhaupt nicht an so was erinnern, ich verbiete dir, so was zu sagen.

Zweiter Mann: Aber das ist die reinste Wahrheit, wir sind uns manchmal begegnet, und daran kann ich mich sehr, sehr genau erinnern. Wir sind uns manchmal im Müllraum begegnet, den sich unsere beiden Wohnhäuser teilen, jeder mit seinem Müll, und wenn du dich da gesehen hättest, an dem Tag, an dem ich dir die Tür aufgehalten habe, damit du reinkonntest, in dem Moment, wo ich rausging!

Erster Mann *(vehement)*: Das ist falsch!

Zweiter Mann: Aber nein, überhaupt nicht, wenn du dich gesehen hättest! Was für ein Gesicht du gemacht hast. Du hast kaum zur Kenntnis genommen, dass ich dir die Tür aufhielt, damit du reinkannst mit deiner großen Mülltüte, voll von Abfall, von Dreck, der einen solchen Gestank von sich gab, dass ich wirklich gedacht habe: ‚Na der hat nun wirklich keinen Grund, mir derart selbstgefällig zu kommen, bei dem Gestank, den er von sich gibt.'

Erster Mann *(immer heftiger)*: Aber das kann ja nicht wahr sein. Ich verstehe nicht, was du da sagst und warum du das sagst. Das ist doch sinnlos, außerdem weißt du genau, dass ich eher pedantisch bin und, was die Sauberkeit bei mir zu Hause angeht, übertreibe.

ZWEITER MANN: Na und? Na und!? Gerade dann ... Das will nichts heißen. Was man nach außen hin preisgibt, hat doch mit der Wirklichkeit nichts zu tun. Das weißt du sehr wohl, die innere Wirklichkeit war zu dieser Zeit, dass du gleichgültig warst, und nach außen hin hast du von dir preisgegeben, dass du gleichgültig und selbstgefällig bist. Dabei war deine reinste, innerste Wirklichkeit im Grunde vielleicht ganz anders. Im Grunde warst du schon der, der du für mich heute bist, aber das sah man nicht, das sah man nicht, aber du warst schon jemand, der mein Freund werden konnte. Ich sah es nicht, weil es zu dieser Zeit noch nicht von dir ausging.

ERSTER MANN *(es verschlägt ihm fast den Atem)*: Oh nein, das kann nicht wahr sein.

ZWEITER MANN: Aber was macht das schon, warum etwas Offensichtliches abstreiten? Ist doch nicht wichtig.

ERSTER MANN *(heftig)*: Warum wirfst du mit Dreck? Warum verzerrst du die Wahrheit und versuchst auf Teufel komm raus, das Schönste, was wir haben, in den Dreck zu ziehen, und zwar uns und unsere Freundschaft, die Tatsache, dass wir Freunde sind. Warum versuchst du, unser Leben und das Wertvollste, was wir in unseren Händen haben, zu zerstören?

ZWEITER MANN: Wieso „zerstören", wer sagt denn das?

ERSTER MANN *(wird immer wütender)*: Man könnte meinen, ja man fragt sich, was du da machst, was du zu machen versuchst, man fragt sich, entschuldige, ob du nicht irgendetwas bezweckst. Und da frage ich mich, was es sein könnte?

ZWEITER MANN: Wovor hast du Angst oder welche Gründe hast du, Angst zu haben?

ERSTER MANN *(sehr gerührt)*: Ich habe Angst, weil du mir wertvoll bist. Meine Freundschaft für dich ist mir das Wertvollste auf der Welt. Hätte ich in dieser Welt deine Freundschaft nicht, dann glaube ich, wäre es hart, sehr hart für mich. Und ich wäre ein anderer und unglücklich.

ZWEITER MANN: Warum solltest du um unsere Freundschaft Angst haben, nur weil du zugeben sollst, dass es eine Zeit gab, in der wir noch nicht so waren wie heute, und dass du zu dieser Zeit verächtlich und sogar herablassend warst in deiner Art mir gegenüber?

ERSTER MANN *(sehr laut, heftig)*: HALT DEN MUND!

ZWEITER MANN: Du machst mir fast Angst.

ERSTER MANN *(außer sich)*: WARUM SAGST DU DAS? WARUM?

ZWEITER MANN: Weil du immer lauter sprichst und mich mit solchen Augen anguckst, man könnte glauben, es seien Gewehre. Nennst du das etwa Freundschaft? Das ist nicht sehr stimmig, ich verstehe nicht, warum du nicht einfach zugeben willst, dass du nicht immer schon die gleiche Person wie heute warst. Was kann es dir schon ausmachen, es zuzugeben, das versteh ich nicht, nein, nicht wirklich.

ERSTER MANN *(drohend, kann sich kaum zurückhalten)*: KANNST DU BITTE DEN MUND HALTEN!?

ZWEITER MANN: Nein, warum, warum, warum sollte ich den Mund halten, was sage ich denn?

ERSTER MANN: Warum willst du alles auf diese Weise zerstören, einfach so?

ZWEITER MANN: Ich will nicht alles zerstören, ich versuche nicht, alles zu zerstören, ich sage die Wahrheit, nur die Wahrheit. Ich sage nur, dass du nicht schon immer mein Freund warst und dass es sogar Zeiten gegeben hat, wo du ...

ERSTER MANN *(heftig)*: HALT DEN MUND!

ZWEITER MANN: ... wo du ein wenig verächtlich warst mir gegenüber ...

ERSTER MANN *(heftig)*: HALT DEN MUND!

ZWEITER MANN: ... verächtlich und sogar, entschuldige, dass ich es noch mal sagen muss, ich persönlich finde, ein wenig herablassend, um nicht zu sagen, arrogant. So, das ist alles und es ist nichts Dramatisches.

ERSTER MANN *(bemüht, seine Wut zurückzuhalten)*: Das ist nicht wahr, das ist nicht wahr, mein Gott, mein Gott, wie ich dich hasse, wie ich es hasse, dass du alles zerstörst, alles kaputt machst. Wenn du wüsstest, wie wichtig meine Freundschaft zu dir war, wichtig, wesentlich. Nie hatte ich im Leben etwas so Wertvolles, nie. Und da machst du so was, zerstörst mit deinen Worten, du zerstörst, du machst alles kaputt.

ZWEITER MANN: Nein, ich zerstöre nicht, nein, das ist nicht wahr. Inwiefern zerstöre ich, sag mal, inwiefern zerstöre ich irgendetwas. Ich sage nichts anderes als die Wahrheit. Nur die Wahrheit sage ich, das ist alles. Ich sage, dass, bevor du mein Freund warst, du nicht mein Freund warst, und das ist alles.

ERSTER MANN *(außer sich)*: SCHNAUZE!

ZWEITER MANN: Aber du hörst mir nicht richtig zu. Ich mache nichts kaputt, ich zerstöre nichts, nur weil ich die reine Wahrheit sage.

ERSTER MANN *(vergeblich bemüht, seine Wut zu beherrschen)*: SCHNAUZE, VERDAMMT NOCH MAL! SCHNAUZE! ICH BRING DICH UM, WENN DU SO WEITERMACHST, ICH BRING DICH UM. ICH HAU DIR GLEICH MEINE FAUST IN DIE FRESSE, ICH HAU DIR EINE REIN UND ICH ZERSCHMETTERE DICH MIT MEINER FAUST! ICH TUE ES, WENN DU SO WEITERMACHST, ICH SCHWÖRE ES!

ZWEITER MANN: Aber das kann ja nicht wahr sein, das ist nicht wahr, schau dir mal an, wie weit es mit uns gekommen ist, völlig absurd.

ERSTER MANN: Nein, du machst alles kaputt, du zerstörst, du zerstörst das, was mir am Wertvollsten ist auf der Welt.

ZWEITER MANN: Ich mache nichts kaputt, nein, nichts, ich sage die Wahrheit, die Wahrheit.

ERSTER MANN: Wenn du das zerstörst, habe ich Lust dich umzubringen, ja wirklich, ich habe Lust, dich dafür umzubringen, weil du mein Leben zerstörst, indem du das zerstörst, was mir am Wertvollsten ist.

ZWEITER MANN: Was tu ich denn, sag es mir?

ERSTER MANN: Du zerstörst unsere Freundschaft.

ZWEITER MANN: Nein, das ist falsch.

ERSTER MANN: Doch.

ZWEITER MANN: Nein, ich habe nur gesagt ... ich habe dich nur erinnert ... an einige Momente erinnert, die sich vor unserer Freundschaft zugetragen haben. Wie du warst, bevor wir befreundet waren und bevor du mein Freund wurdest. Erinnerungen an dich, wie du warst, ich weiß doch, was ich sage, ich weiß, dass es die Wahrheit ist ... Momente, in denen ich dir gleichgültig war ... Und du so verächtlich warst mit mir und sogar herablassend, das war auf jeden Fall der Eindruck, den ich von dir hatte in der Zeit, einen verächtlichen.

ERSTER MANN *(brüllend)*: NEIN!

Der erste Mann stürzt sich auf den zweiten und schlägt ihn nieder oder bringt ihn um. Es blitzt und donnert am Himmel. Der erste Mann stürzt sich brutal auf den zweiten.
Schwarz.
Man hört das Zerbrechen von Knochen.

17 – WERT, 1. TEIL

Ein Jahrmarkt, nachts. Autoscooter. Einige Männer sitzen allein hinter dem Lenkrad ihrer Fahrzeuge und fahren im Kreis herum, versuchen einander auszuweichen. Ein paar Frauen stehen am Rand und beobachten sie.
Schwarz.

18 – WERT, 2. TEIL

Etwas später, auf einem verlassenen Grundstück, nicht weit vom Jahrmarkt entfernt. Man hört Karussells und Musik. Eine Frau steht unbeweglich da. Sie sieht müde aus. Ein Mann, einer der Autoscooter-Fahrer, geht zu ihr.

DIE FRAU *(zum Mann)*: Hallo.
DER MANN *(bleibt stehen)*: Guten Abend.
DIE FRAU: Wie geht's?
DER MANN: Es geht so.
DIE FRAU: Kann ich dir helfen?
DER MANN: Wobei?
DIE FRAU: Bei einer ganz einfachen und doch außergewöhnlichen Sache, die wir gleich da im Dunkeln machen können oder im Licht, wie's dir lieber ist. Es dauert drei Minuten.
DER MANN: Ich bin nicht sicher, ob mich das interessiert.
DIE FRAU *(trocken)*: Interessiert dich das nicht oder interessiere ich dich nicht?
DER MANN: Nein, nicht Sie! Ich habe vor allem keine Zeit ... Und außerdem habe ich Prinzipien.
DIE FRAU: Es kostet hundertzwanzig Dollar.
DER MANN: Hundertzwanzig Dollar!!
DIE FRAU *(trocken)*: Findest du das zu teuer? Bin ich die nicht wert? Hast du keine Lust oder hast du kein Geld?
DER MANN: Ich habe kein Geld und außerdem werde ich zu Hause erwartet. Meine Frau wartet auf mich. Ich will sie nicht enttäuschen ... Es ist die Frau meines Lebens.
DIE FRAU: Ich mach dir einen Preis ... Ich gehe runter auf hundert Dollar ... Für hundert Dollar hast du auch das ganze Paket ... Und ich mach dir alles, was ich für hundertzwanzig gemacht hätte, auch für hundert. Also?
DER MANN: Ich habe kein Geld.
DIE FRAU: Gefalle ich dir nicht? Ich schlage dir vor, wir machen es für achtzig. Achtzig Dollar ... Unter dem ist es dann aber nicht mehr möglich.

DER MANN: Es ist keine Frage des Preises.
DIE FRAU: Für achtzig mache ich fast das Gleiche wie für Hundert.
DER MANN: Es tut mir leid ... Ich geh nach Hause ... Denn je länger wir sprechen, umso später wird's.
DIE FRAU: Sieht aus, als hättest du ein echtes Problem mit der Kohle, du ... Na, sechzig für dich ... Für sechzig gebe ich mich dir hin ... ganz und gar ... Du kannst nicht sagen, dass dieser Preis zu hoch ist. So, komm, lass uns losgehen, sonst wird's zu spät ... Bald wird es hell.
DER MANN: Aber nein.
DIE FRAU: Aber nein was?
DER MANN: Ich gehe nicht mit Ihnen!!
DIE FRAU: Warum?
DER MANN: Ich habe es Ihnen doch schon gesagt, ich muss nach Hause ... Guten Abend.

Er ist am Gehen.

DIE FRAU: Vierzig Dollar!!

Der Mann bleibt stehen.

DER MANN: Wie bitte?
DIE FRAU: Vierzig Dollar ... Hast du Lust für vierzig Dollar? Oder hast du keine Lust? Also??
DER MANN: Ich habe Ihnen gesagt, es ist keine Frage des Preises. Ich weiß nicht, wie ich Ihnen das klarmachen kann.
DIE FRAU: Für wie viel willst du es machen?
DER MANN: Es geht nicht um wie viel.
DIE FRAU: Zwanzig Dollar?
DER MANN: Ich habe sie nicht.
DIE FRAU: Zehn Dollar? Hast du auch für zehn Dollar keine Lust auf mich??
DER MANN: Das ist es nicht!!

Pause.

DIE FRAU: Und wenn wir es umsonst machen, gratis, wär' das okay für dich?? Willst du? Wenn ich mich dir ganz und gar gratis hingebe, hast du dann Lust drauf oder nicht??

Der Mann schweigt, er zögert.

DIE FRAU: Also?
DER MANN: Zu diesen Bedingungen ... Wenn es zu diesen Bedingungen geht!! Ja, warum nicht.
DIE FRAU: Hast du wirklich Lust?
DER MANN: Umsonst, ganz sicher?
DIE FRAU: Ja, umsonst ... Weil du Lust hast. *(Besorgt)* Aber du hast doch Lust, oder?

Sie blickt ihn prüfend an.

DER MANN: Ja.
DIE FRAU: Na, dann komm.

Sie gehen ab, die Frau ein paar Schritte vor dem Mann. Schwarz.

19 – SCHWANGER

Ein Sprechzimmer in einer sozial-medizinischen Einrichtung. Eine Frau sitzt. Ein Mann steht ihr gegenüber. Hinter ihm steht eine Krankenschwester und beobachtet ihn.

DER MANN *(versucht, seine Nervosität zu unterdrücken)*: Hör zu, Annie, ich wollte mit dir sprechen ... Man hat mir den Sachverhalt erklärt und ich mache mir große Sorgen. Man hat mir gesagt, dass du auf deiner Entscheidung bestehst, stimmt das??

DIE FRAU *(sehr leise)*: Ja, das stimmt.

DER MANN: Wie bitte??

DIE FRAU *(ein bisschen lauter)*: Ja, das stimmt.

DER MANN *(setzt fort)*: Ja, das stimmt?! Seit wann kennen wir zwei uns schon, Annie??

DIE FRAU: Zwölf Jahre.

DER MANN: Zwölf Jahre ... Hast du mir bisher nicht zu Recht vertraut, in all den Jahren??

DIE FRAU: Doch.

DER MANN: Doch? Also warum willst du heute nicht auf mich hören?? Sag mir, du hast doch schon mehrmals abgetrieben?

DIE FRAU: Ja.

DER MANN: Also, inwiefern wäre das heute anders?

DIE FRAU: Es ist anders.

DER MANN: Es ist anders?? Was ist anders??

DIE FRAU: Mein Baby ... Es ist das Kind meiner Liebe.

DER MANN: Das Kind deiner Liebe??

DIE FRAU: Ja.

DER MANN: Wie meinst du das??

DIE FRAU: Es ist Frédérics Kind. Unser Kind, meins und Frédérics.

DER MANN: Ich bitte dich, Annie. Du weißt ganz genau, dass du dich überhaupt nicht auf dieses Individuum verlassen kannst. Sag mir, wie würdest du es anstellen, dich alleine um ein Kind zu kümmern?

DIE FRAU: Ich fühle mich gut. Ich freue mich, das gibt mir Kraft.

DER MANN: Du freust dich??

DIE FRAU: Ja.

DER MANN: Du freust dich vielleicht jetzt im Moment ... Wegen einer kleinen Hormonschwankung, die deiner Schwangerschaft zuzuschreiben ist, aber das wird vorübergehen.

DIE FRAU: Nein, es ist Liebe.

DER MANN: Es ist Liebe?? Liebe zu wem?

DIE FRAU: Zu Frédéric.

DER MANN: Frédéric? Du sprichst schon wieder von Frédéric. Der hat noch mehr Probleme als du, Annie ... Und wir haben beschlossen, ihn nicht hierzubehalten, weil er ein absolut unbeschreibliches Verhalten an den Tag legt ... Er ist zweifellos für deine Schwangerschaft verantwortlich, aber er ist bestimmt kein Vater, auf den du dich verlassen kannst, Annie, wach auf.

DIE FRAU: Wir lieben uns, wir sind verliebt und ich erwarte sein Baby.

DER MANN *(immer gereizter)*: Annie, ich hätte gern, dass du bei einem solchen Individuum nicht von Liebe sprichst. Ich habe seit Jahren mit deinem Frédéric zu tun, ich kenne ihn auch, ich kenne ihn sehr gut ... Ich habe gesehen, wie er sich im täglichen Leben verhält. Er ist äußerst aggressiv und außerdem gewalttätig. Wir wissen, dass er versucht hat, mehrere Frauen aus dem Zentrum sexuell auszunutzen, wir haben ihm gedroht, bei der Polizei Anzeige zu erstatten. *(Sein Handy klingelt, er antwortet.)* Hallo, ja ... Nun, das ist mir scheißegal ... Das habe ich Ihnen doch schon gesagt ... Ich habe meine Meinung geändert ... So ist das.

Er legt auf.

DIE FRAU: Kann ich jetzt gehen?

DER MANN: Aber nein. Wir müssen eine Entscheidung treffen, Annie. Eine schwerwiegende Entscheidung und eine sehr wichtige für deine Zukunft. Sollen wir dieses Kind nun behalten oder nicht??

DIE FRAU: Frédéric und ich haben beschlossen, es zu behalten.

DER MANN *(immer aufgebrachter)*: Aber siehst du denn nicht, dass jeder versucht, mit dir zu reden und dir dasselbe zu sagen ... Ich bin doch nicht der einzige, der so mit dir spricht. Jeder, den du kennst, sagt dir das, was ich dir gerade sage, mit den gleichen Worten. Alle sagen dir, dass du dabei bist, kopfüber in eine große Tragödie zu stürzen und dass du sehr unglücklich sein wirst, dass du leiden wirst.

DIE FRAU: Seit diese Liebe in mir ist, fühle ich mich sehr, sehr glücklich.

DER MANN *(außer sich, kann sich nicht mehr zurückhalten)*: Aber Liebe existiert doch nicht, Annie, Scheiße! Das sind Erfindungen. Das ist im Kopf. Das ist wie Wahnsinn. Liebe ist eine Art Krankheit. Liebe ist nicht schön, man muss aufhören mit dem Blödsinn. Aus Liebe werden völlig irrsinnige Sachen gemacht, gefährliche Sachen, die den Einzelnen in Gefahr bringen ... Schau dich an, Annie ... Wach auf ... Du bringst dein Leben in große Gefahr. Du bist in Gefahr, Annie.

DIE FRAU: Nein, ich glaube nicht, Frédéric ist stark. Er wird uns beschützen.

DER MANN: Annie, du bist in einen Geistesgestörten verliebt, super gewalttätig, asozial, krankhafter Schürzenjäger, Alkoholiker.

Das Handy klingelt, er hebt nicht ab.

DIE FRAU: Warum fühle ich mich dann so glücklich??

DER MANN *(platzt)*: Was in dir vorgeht, ist eine ganz einfache neuro-chemische Reaktion, Annie, und das ist alles, nichts sonst. Etwas, was du selbst produzierst, als wenn du dir selbst ein gutes Antidepressivum verordnet hättest. Vielleicht ist deine derzeitige Medikation nicht mehr richtig eingestellt, wir können sie umstellen, damit du dich besser fühlst, ohne solche kitschigen Geschichten in deinem Kopf zu produzieren und dich in solche Situationen zu bringen, Situationen, in denen du dich in Gefahr begibst. *(Er hebt ab und brüllt in sein Handy.)* Ich habe Ihnen schon gesagt, Sie sollen mich verdammt noch mal in Ruhe lassen ... Ich bin in einer Besprechung. *(Er legt auf.)* Gut, wann treiben wir ab, Annie?? *(Pause. Die Frau schweigt.)* Wirklich, wir sind in einer unerträglichen Situation, wir dürfen dich das nicht machen lassen, wir dürfen es nicht, wir dürfen es wirklich nicht.

DIE FRAU: Ich weiß, dass alles gut wird, ich mache mir da keine so großen Sorgen wie Sie.

Sie steht auf, geht auf den Mann zu, um ihn zu beruhigen.

DER MANN: Alles wird gut?

DIE FRAU: Ja, aus Liebe wird alles gut.

DER MANN *(nachdrücklich)*: Ich werde dir mal was sagen, Annie, schon im normalen Leben, bei Leuten, die nicht von vornherein behindert sind, ist Liebe irreal, ein Konzept. Was die Leute Liebe nennen, ist wie Alkohol oder Drogen. Das weiß ich nur zu gut, das garantiere ich dir. Wenn man aus der Liebe aufwacht nach drei Monaten, drei Jahren oder zwei Wochen, wird einem klar, dass man gesponnen hat, dass man fantasiert hat und dass es nichts taugt, dass der andere nichts taugt oder dass er bescheuert ist oder stinkt. Man fragt sich, wie man so etwas tun konnte. Im Leben muss man das Glück in sich suchen und nicht bei den anderen. Und vor allem nicht in der Liebe ...

DIE FRAU: Das ist bei Frédéric und mir ganz anders, wir lieben uns und das ist sehr ernst. Außerdem haben wir beschlossen, uns das ganze Leben lang zu lieben ... Nicht nur ein bisschen ... sondern das ganze Leben.

Der Mann schaut sie verzweifelt an.

DIE FRAU: Kann ich jetzt gehen??

DER MANN *(sichtbar völlig entmutigt)*: Ja, geh.

DIE FRAU *(geht auf den Mann zu)*: Machen Sie sich keine Sorgen. Alles wird gut, weil ich glücklich bin ...

Sie geht, die Krankenschwester folgt ihr. Das Handy des Mannes klingelt. Er seufzt, unruhig, spricht unverständliches

Zeug vor sich hin, der Mann hält sich den Kopf mit den Händen. Es fängt an zu regnen, ein schwarzer Regen.
Schwarz.

20 – WERT, 3. TEIL

Das gleiche verlassene Grundstück in der Nähe eines Jahrmarkts, einige Augenblicke später.

DER MANN *(ein wenig verlegen, knöpft sich die Hose zu)*: Ich glaube, ich lass dich jetzt allein ...
DIE FRAU: War es gut oder nicht?
DER MANN: Ja, schon ...
DIE FRAU: Ich hab dir schon Lust gemacht?

Pause.

DER MANN: So, ich gehe ... Tschüss dann.
DIE FRAU: Gib mir bitte zwanzig Dollar, bevor du gehst.
DER MANN: Wie bitte??
DIE FRAU: Bin ich zwanzig Dollar nicht wert??
DER MANN: Ich habe kein Geld bei mir, wie kann ich dir das noch sagen ...?
DIE FRAU: Ist dir klar, was du da umsonst bekommen hast? Du könntest mir wenigstens zwanzig Dollar geben, oder??
DER MANN: Aber ich schwöre dir beim Leben derer, die mir am Heiligsten sind, meiner Kinder, dass ich kein Geld habe.
DIE FRAU: Nicht mal fünfzehn Dollar?
DER MANN: Du hast mir gesagt, es sei umsonst.
DIE FRAU *(zeigt auf die Hosentasche des Mannes)*: Guck mal in diese Hosentasche. Da ist so'ne Knitterfalte, da, neben deinem Geschlecht.
DER MANN: Das kann ja nicht wahr sein! Ich hab jetzt genug von dir, kann ja nicht wahr sein.

DIE FRAU *(kraftvoll)*: Ich lass dich nicht gehen, wenn du mir nichts gibst. Ich klammere mich an dich bis in die Hölle, wenn du mir nicht wenigstens zehn Dollar gibst.

DER MANN: Aber das kann nicht wahr sein.

DIE FRAU: Ich lasse mich von niemandem so herabwürdigen ... Ich habe meinen Stolz.

DER MANN *(regt sich auf)*: Ich kann Geld doch nicht erfinden??

DIE FRAU: Dreckiger Ausbeuter, Geizkragen, Loser.

DER MANN: Ich werde gleich wütend, wenn du so weitermachst.

DIE FRAU: Dann gib mir was.

DER MANN *(immer aufgebrachter)*: Ich werde wirklich wütend, ich verlier gleich meine Beherrschung. Da kann es passieren, dass ich zuschlage, wenn du mich so nervst. Ich kann sehr brutal sein.

DIE FRAU *(immer lauter, widersetzt sich ihm)*: Ist mir scheißegal, ich habe keine Angst. Ich gebe nie auf, weil ich meinen Stolz habe und ihn verteidige. Ich lasse mir nichts mehr gefallen, von niemandem, gib mir, was du in deiner Tasche hast.

DER MANN *(brüllt)*: Das sind Schlüssel, in meiner Tasche.

DIE FRAU *(brüllt auch)*: Du lügst! Gib mir, was du in deiner Tasche hast ... Ich lass dich nie wieder in Ruhe ... Ich verfolge dich bis ans Ende der Welt ... Bis du dich dazu durchringst, mir was zu geben ...

Schweigen.

DER MANN: Verdammte Scheiße, das kann ja nicht wahr sein ... *(holt widerwillig zwei Scheine aus seiner Tasche)* Hier sind zehn Dollar ... Ich geb dir fünf. *(Er reicht ihr einen Schein.)* Und ich behalte fünf ... Weil ich sie brauche ... Ich will nicht völlig pleite sein!!

DIE FRAU *(nimmt den Schein, sanfter)*: Okay, Danke. Na siehst du.

DER MANN: Wirklich nur, weil du's bist, ich schwör's dir ...

Du hast bekommen, was du wolltest. Kann ich jetzt gehen?

DIE FRAU: Ja, geh!!

Der Mann will gehen.

DIE FRAU: Hör mal, das ist wirklich das Mindeste, fünf Dollar. Ich bin ja kein Tier ... Gute Nacht.

DER MANN *(geht)*: Gute Nacht.

DIE FRAU *(leise, freundlich)*: Bis bald, vielleicht.

Sobald sie allein ist, holt sich die Frau eine Haarbürste aus der Tasche, kämmt sich, holt sich dann Zigaretten, zündet sich eine an.
Jemand, der singt, kommt hinzu. Singt mit einer sehr tiefen Stimme eine melancholische und zugleich sinnliche Melodie.
Eine Truppe von Salontänzern kommt in weißen Smokings und Abendkleidern herein und stellt sich um die Frau herum auf. Die Tänzer tanzen wie in Zeitlupe. Die Frau scheint sie nicht zu sehen.
Schwarz.

GERHARD WILLERT

Erklärungen sind eigentlich Lügen

Im Jahr 1990 gründete Joël Pommerat die *Compagnie Louis Brouillard*, zu deutsch „Ludwig Nebel". Dabei gab er seinen Schauspielern von sich aus das Versprechen, vorerst vierzig Jahre lang mit ihnen zu arbeiten. Er nennt das seinen „kleinen Vertrag".

> *Ich brauchte vor allem Menschen, die es nicht eilig haben. Also habe ich vorgeschlagen, ein neues Stück pro Jahr zu inszenieren, einerseits aus einer Laune heraus, andererseits aber durchaus als Lebensprojekt, auch als Projekt in Bezug auf das Vergehen von Zeit. Ein neues Stück pro Jahr, über vierzig Jahre.*[1]

In den ersten sechzehn Jahren entstanden, immer ein wenig im Verborgenen, abseits der großen Bühnen, sechzehn Produktionen. Dann, im Sommer 2006, zeigte das *Festival d'Avignon* gleich vier seiner Arbeiten. Das war sein Durchbruch. Die Presse schwelgt seither in höchsten Tönen, doch vor allem: sie ist überhaupt da. Das Publikum strömt, wo immer die Truppe in Frankreich spielt. Ein *Molière* für den besten frankophonen Dramatiker und ein *Molière* für die beste freie Gruppe folgten. Die großen Verlockungen folgten daraufhin auch: Inszenierungsangebote an den angesagten Theatern und Opernhäusern dieser Welt. Pommerat aber sagte alles das ab.[2] Er arbeitet stattdessen unbeirrt weiter mit seinen Leuten. Neun neue Produktionen sind in der Zwischenzeit entstanden. Dass diese mittlerweile nicht mehr halb im Ver-

1 – Joël Pommerat, Théâtres en présence, Arles 2007, S. 6.
2 – Einzige Ausnahme: Der italienische Komponist Oscar Bianchi vertonte auf Einladung des *Festival d'Aix-en-Provence* Pommerats Stück *Dank meiner Augen* unter dem Titel *Thanks To My Eyes*. Die Inszenierung der musikalisch vom Ensemble Modern betreuten Koproduktion mit u.a. Brüssel und Straßburg übernahm Pommerat, nicht ohne eine seiner Schauspielerinnen, Anne Rotger, in die Oper einzuschmuggeln.

borgenen stattfinden, sondern auch an den ersten Adressen in Paris, nimmt er gerne mit, aber entscheidend ist es für ihn nicht.

> *Wenn ich mir diese Schauspieler ausgesucht habe, dann nicht nur, weil das gute Leute sind, intelligente Künstler, sondern auch, weil wir zusammen etwas suchen und sie also im Lauf der Zeit zu Trägern des Wissens werden, das wir gemeinsam ansammeln. In Afrika sagt man, eine Bibliothek verbrennt, wenn ein alter Mensch stirbt. Ein bisschen ist das so mit meiner Truppe. Ginge ein Schauspieler weg, dann gingen Jahre der Erkenntnisarbeit verloren. Es gibt ein künstlerisches Kapital, das sich durch jeden Einzelnen bildet [...] In diesem Sinne sind diese Schauspieler ein Kollektiv. Sie sprechen nicht den Text von Joël Pommerat, sie sind partiell dieser Text. Die Worte sind ohnehin nur da, um diese Wesen und diese Körper zum Existieren zu bringen. Was sie auf der Bühne sind, ist größer als das, was sie sagen.*[3]

Ich hatte es 2006 leider nicht nach Avignon geschafft. Im Herbst 2007 aber musste ich ohnehin nach Paris, um mit Michel Vinaver zu arbeiten. Auf dem Programm von Peter Brooks Théâtre des Bouffes du Nord stand Pommerats *Ich zittere (1)*. Da musste ich hin. Es war ausverkauft. Freundlicherweise platzierte man den von weither angereisten Kollegen auf ein eingeschobenes Kissen am Boden vor der ersten Reihe. Das erwies sich als Glücksfall, denn so konnte ich nicht vom Sessel fallen. Die Aufführung packte mich inhaltlich, schüttelte mich ästhetisch durch und zugleich erheiterte sie mich zutiefst. Erschwerend kam allerdings hinzu, dass ich zum ersten (und bislang einzigen) Mal in meinem Leben als Regisseur auf die für professionell Deformierte entscheidende Frage tatsächlich keine Antwort fand: Wie

3 – Joël Pommerat, op. cit., S. 7f.

macht er das? Einige Aufführungen später, einige Gespräche mit Joël später wusste ich, „wie er das macht". Der Zauber aber, man verzeihe mir den Anflug von Pathos, der Zauber ist geblieben.

Pommerat bedient sich der unterschiedlichsten Dramaturgien. Es gibt stringent erzählte Macht- und Familiengeschichten wie *Mit einer Hand*. Es gibt streng soziologisch recherchierte Textkondensate wie *Dieses Kind*. Es gibt im brechtschen Sinn des Wortes „Versuche" wie *Die Händler*, wo der Niedergang einer kleinen Industriestadt sinnlich fassbar gemacht wird durch die Konfrontation eines ausschließlich aus dem Off kommenden Textes einer Beteiligten mit ausschließlich stumm gespielten Szenen. Es gibt durch die Jahrhunderte surfende fragmentierte Gebilde wie *Kreise/Visionen*. Es gibt in sich abgeschlossene Szenen kaleidoskopartig auffächernde Konstrukte wie *Die Wiedervereinigung der beiden Koreas*. Es gibt Adaptionen von Märchen wie *Rotkäppchen* oder *Pinocchio*, die verblüffenderweise die Figuren und Situationen gänzlich gegenwärtig zeichnen, ohne dabei die Märchenwelt an die Gegenwart zu verraten. Seit Herbst 2015 gibt es mit *Wir schaffen das (1) Das Ende von Ludwig* den radikalen und explosiven Ansatz, das historische Material der französischen Revolution ins Heute zu setzen.

Bei aller Diversität der Stücke entwickeln sie in den Aufführungen jedoch einen allen gemeinsamen Sog. Das Publikum ist nolens volens in Windeseile „mittendrin". Paradoxerweise fährt jede_r Zuschauer_in sehr schnell einen eigenen Film, und gleichzeitig entsteht das Gefühl einer Gemeinschaft zwischen denen, die spielen, und denen, die schauen. Und zwar unabhängig davon, ob jemand goutiert, was er oder sie sieht. Wie kommt das?

Pommerat verdichtet Situationen, die jede_r kennt, ob aus eigener Erfahrung oder durch kulturelle Prägung, scheinbar unaufwändig und also unauffällig bis zum Siedepunkt, an dem sie schlackenlos werden. Er wertet nicht. Er erklärt nicht. Er zeigt. Und wirft uns damit auf uns selbst zurück. Auf unsere je eigenen Erfahrungen, Hoffnungen, Wünsche, Ängste. Dabei kommen uns seine Geschichten immer irritierend bekannt vor. Wodurch sich unsere je eigenen Erfahrungen nicht mehr so eigen anfühlen, wie meist erhofft und oft befürchtet. Wie er das macht? Er zapft unser kulturelles Gedächtnis an. Er schafft Echoräume. Er untersucht die alten Geschichten und setzt sie radikal und trocken dem Heute aus. *Réécrire* nennt Pommerat diesen Vorgang, zu Deutsch etwa *neu schreiben*, mit einem semantischen Hauch von *Wieder-Holung*. Womit er unser Gefühl der historischen Einzigartigkeit untergräbt. Sein feiner lakonischer Humor verstärkt diese Wirkung.

Pommerat liebt die Technik des Palimpsest. Er liebt das Überschreiben, das Kratzen an der Oberfläche eines alten Textes, um die darunterliegenden Schichten zu entdecken, und das neuerliche Überschreiben. So sind Čechows *Drei Schwestern* die Matrix für sein Stück *Au Monde*, was zu Deutsch sowohl *An die Welt* als auch *In der Welt* heißen kann. Es finden sich Spuren von Homer und Ovid in *Ich zittere (1 und 2)*. Der Ausgangspunkt von *Mein Kühlraum* ist Brechts *Guter Mensch von Sezuan*. Shakespeares *Macbeth* scheint in *Kreise/Visionen* auf. Am Anfang der Recherche zu *Die Wiedervereinigung der beiden Koreas* standen Schnitzler und Bergmann.

Das Schreiben und das Inszenieren gehören für Joël Pommerat zusammen. Sie sind für ihn eigentlich ein einziger Vorgang. Er bezieht sich dabei auf Jorge Luis Borges:

> *Ich habe immer wieder über eine Erzählung von Borges nachgedacht, die für mich zu einer Art Metapher für die Position der Regie geworden ist. Borges spricht von einem Schriftsteller namens Pierre Ménard, der an einem etwas verrückten und vor allem monumentalen Schreibprojekt*

arbeitet, einem Lebensprojekt: Dieser Mann schreibt den Don Quichotte *von Cervantes neu. So weit noch nichts Besonderes. Aber Borges führt dann aus, dass dieser Mann, der schon seit vielen Jahren an seiner Aufgabe sitzt, den Don Quichotte neu schreibt, ohne ein einziges Wort daran zu ändern. Der Mann schreibt nämlich nur den Sinn der Worte neu. Beim Lesen dieser Erzählung begreift man, wenn der Überraschungseffekt vorbei ist, dass in den Augen von Borges diese Tätigkeit nicht so verrückt zu sein scheint wie zunächst gedacht. Sie rechtfertigt es sogar, lässt Borges uns verstehen, einen Menschen, der sich mit einer solchen Tätigkeit beschäftigt, als Autor oder als Schriftsteller zu bezeichnen: Er schreibt den Sinn der Worte neu, ohne die Worte selbst zu ändern. Moderne Regisseure sind, finde ich, Pierre Ménards.*[4]

Man kann Pommerats Stücke auf die vielfältigsten Arten und Weisen szenisch umsetzen. Nur auf zwei nicht: als sozial besserwisserisches *kitchen sink drama*, bei dem die Schauspieler glauben, klüger zu sein als der Text, den sie verkörpern, oder als *Material*, mit dem in diesem Falle dann die Regie den Zuschauer_innen zeigt, dass sie klüger ist als sie und auch als der Autor.

Auf die absolut ernst zu nehmende postmoderne Krise der Repräsentation suchte und fand das deutschsprachige Theater Antworten in Form des dokumentarischen Expertentheaters, der superauthentischen Performance, der Textflächenauffächerung mit angesagter ironischer Distanz zwischen Darsteller und Dargestelltem, gerne auch per Video mediatisiert. Das alles wurde zunächst bejubelt. Der Begriff ‚Dekonstruktion' ist aus keiner Theaterkantine mehr wegzudenken und aus keiner Feuilletonstube.[5] Doch das Unbehagen wächst.

4 – Joël Pommerat, op. cit., S. 19f.

5 – Der Begriff ‚Dekonstruktion' stammt von Jacques Derrida, der im Kern ein in der Wolle gewaschener Hermeneutiker war. Mit der Dekonstruktion hat Derrida das Schleiermachersche Arsenal gegenwartstauglich gemacht. Man „dekonstruiert" einen „Text" (ob die

Selbst Bernd Stegemann, einer der einflussreichsten Denker der aktuellen deutschen Dramaturgie, ruft die Krise des postmodernen Theaters aus: *Solange das Theater nicht den Zusammenhang von postmoderner Ästhetik, Neoliberalismus und der Produktion egoistischer Subjektivität reflektiert, kann es kein kritisches Verhältnis zur Gegenwart einnehmen.*[6]
Das klingt gut, greift aber insofern zu kurz, als es die unbequeme Frage ausspart, warum so viele (Theater-)Künstler glauben, sich für klüger halten zu müssen als die Gesellschaft, deren Teil sie sind. *Künstler,* wie der argentinische Dramatiker und Regisseur Rafael Spregelburd schreibt, *die in einer fremden Stadt sind, nur weil sie hier ein Engagement haben, sie hassen die Provinz, sie hassen die Zuschauer, die sie für bourgeois halten, sie hassen den lokalen Dialekt, und wenn sie ein Stück aufführen, ist es eine Kriegserklärung ans Publikum.*[7] Oder, könnte man ergänzen, die in den Metropolen affirmatives Wir-Gruppen-Theater machen. Künstler jedenfalls, die meinen, auf alles eine Antwort haben zu müssen. Auch in Stegemanns Diktum lauert übrigens schon ahnbar die Antwort.
Die Dummheit der Menschen kommt daher, sagt Milan Kundera, *dass sie auf alles eine Antwort haben. Die Weisheit der Kunst ist es, auf alles eine Frage zu haben.*[8]

Pommerat hat zu allem, was ihm auffällt, was ihn beschäftigt, was ihn quält, ausschließlich Fragen, die er über den Probenprozess sinnlich fassbar machen, aber nicht lösen will:

> *Dahingehend denke ich auch, dass es dringender ist, zu zeigen als zu erklären. Dass darin sogar unsere einzige und wesentliche Aufgabe im Theater liegt: zeigen; etwas*

Realität oder ein Artefakt), um ihn anschließend wieder zusammenzusetzen und neu oder auch erstmals verstehen zu können. Dekonstruktion ist mühevolle Arbeit. Sie hat synchron und diachron zu sein und ist also das Gegenteil von willkürlich assoziierender Destruktion selbstgewisser, sich selbst nicht in Frage stellender Egomanen.

6 – Bernd Stegemann, Kritik des Theaters, Berlin 2014.

7 – Rafael Spregelburd in der NZZ am 15.12.2010.

8 – Milan Kundera zitiert nach: Œuvre, Paris 2011.

zeigen; und wie man es zeigt. Was den Text nicht ausschließt, denn auch die Sprache will gezeigt werden. Das Theater dient keinem Zweck, im Gegenteil, für mich muss es das Nachdenken vergiften und versuchen, uns aus uns selbst heraustreten zu lassen. Dadurch wird es, vielleicht, politisch. [...] Was mich interessiert, ist alles, was es erlaubt, das Andere sichtbar zu machen, das Differente, also das Gegenteil. Ich ziele ab auf etwas hinter der Handlung, hinter den Worten, hinter der Situation. Auf etwas, das man nicht einfach bezeichnen können soll; auf etwas, das plötzlich auftaucht und sich einschleicht zwischen den Zeilen, den Gesten oder den gesprochenen Sätzen, wie eine phantomatische Realität, die umso unmittelbarer, umso stärker wirkt, je weniger sie direkt ausgesprochen oder ausgespielt wird. Eine Phantomrealität, wie sie abgetrennte Arme oder Beine hinterlassen, die nach der Amputation immer noch spürbar sind.[9]

Pommerat will *Intensitäten* erzeugen, wodurch er die herkömmliche hierarchisierende Kunstbegriffe auflösenden Konzepte von Gilles Deleuze und Félix Guattari umsetzt. Seine Stücke sind in ihrer Struktur *rhizomatisch* und nachgerade paradigmatisch für das Konzept „kleine" Literatur: *Ihr enger Raum bewirkt, daß sich jede individuelle Angelegenheit unmittelbar mit der Politik verknüpft.*[10] In *Tausend Plateaus* ist zu lesen, *man soll in einem Buch nicht etwas verstehen, sondern sich vielmehr fragen, womit es funktioniert, in Verbindung womit es Intensitäten eindringen läßt oder nicht. [...] Die Literatur ist ein Gefüge, sie hat nichts mit Ideologie zu tun, es gibt keine Ideologie und es hat nie eine gegeben. [...] Schreiben hat nichts mit Bedeuten zu tun, sondern damit, Land – und auch Neuland – zu vermessen und zu kartographieren.*[11]

9 – Joël Pommerat, op. cit., S. 26f.
10 – Gilles Deleuze/Félix Guattari, Kafka. Für eine kleine Literatur, Frankfurt 1976.
11 – Gilles Deleuze/Félix Guattari, Tausend Plateaus, Berlin 1992.

Das gilt nicht nur für Pommerats Schreiben, sondern auch für sein Inszenieren.
Er hat allerdings auch die Foucaultsche Dekonstruktion von Machtverhältnissen internalisiert. Das heißt, die Hierarchien in seiner Truppe sind flach. Anders als im deutschsprachigen Subventionstheater gemeinhin üblich sind alle aus allen Gewerken (also auch Licht, Maske, Kostüm etc.) von Anfang an in die Proben einbezogen. Keiner muss sich, soll sich, noch – das allerdings auch – darf sich entziehen. Und im Kern: *Die Arbeit mit den Schauspielern ist die Basis von allem. [...] Die Freiheit, die sie haben, ist sich einzubringen, so wie sie sind. Die Schauspieler, mit denen ich arbeite, sind nicht austauschbar. Insofern verlange ich von ihnen, nicht zu spielen. Ich arbeite mit dem, was sie sind.*[12] In Konsequenz: *Ich schreibe keine Stücke, ich schreibe Aufführungen.*[13]

Bei aller Singularität des Schaffens von Joël Pommerat darf man nicht vergessen, dass es direkte Vorläufer oder, je nach Geschmack, Wegbereiter oder Inspiratoren gibt. Insbesondere ist diesbezüglich Michel Vinaver zu nennen, aber auch Jean-Luc Lagarce. Und als Geistesverwandte wären etwa Martin Crimp und, mit Stücken wie *Vorher/Nachher* oder *Der Goldene Drache*, Roland Schimmelpfennig zu nennen sowie, in seiner Suche nach Synästhesien, durchaus auch Falk Richter.

> *Ich glaube an die Intuition und ich glaube daran, dass manche Dinge sich nicht rechtfertigen müssen. Ich bin an sich sehr vernünftig und rational. Ich bin kein Mystiker. Ich halte mich an das Denken, an die Analyse, an die Vernunft. Ich glaube aber auch, dass manchmal die scheinbar selbstverständlichen Dinge unterirdisch unkontrolliert weitergären. Und ich glaube auch an die*

12 – Joël Pommerat, op. cit., S. 10.
13 – Joëlle Gayot/Joël Pommerat, Joël Pommerat, troubles, Arles 2009, S. 19.

Komplexität. Ich glaube sogar, dass die Komplexität eine Bedingung der Schönheit ist. Die Komplexität macht mir keine Angst, auch die Widersprüchlichkeit nicht, die Gegensätze ziehen mich an. Wir bestehen aus Widersprüchen. Sie nicht sichtbar zu machen, hieße den Blick zu verstellen auf alles, was Schönheit in dieser Welt ausmacht. Aus dieser Überzeugung heraus kommt auch der Name meiner Compagnie, Louis Brouillard: Nebel in Opposition zur „Klarheit", zum „französischen Geist" mit seinen berühmten Dogmen wie „Was gut gedacht ist, lässt sich auch klar formulieren".[14]

Letzteres ist eine ironische Attacke auf den sprichwörtlich gewordenen Satz aus dem 1784 von der Berliner Akademie preisgekrönten Essay *Über die Universalität der französischen Sprache* des Comte de Riverol: *Was nicht klar ist, ist nicht französisch.* Womit ich beim philosophischen Ursprung von Pommerats Aufführungen angelangt bin. Auf diesem philosophischen Grund findet sich, zwischen den jeweiligen Szenen, das unscheinbare Wort *Noir*, zu Deutsch *Schwarz*. Es hat nichts mit dem branchenüblichen *Black* zu tun. Es bezeichnet vielmehr eine Finsternis, aus der alles kommt und in die alles geht. Thomas Bernhard hat davon geträumt. Genau dieses unermessliche *Schwarz* wirft uns auf uns selbst und unsere Ängste und Träume und Gedanken zurück, die die Rezeption der vorangegangenen wie der folgenden Szene prägen. Um dieses *Schwarz* technisch herzustellen, musste ich mich etwa in meiner Inszenierung der *Koreas* eines ganz alten, ganz analogen Theatertricks bedienen: komplett schwarz gekleidete Statisten hielten in den *Noirs* mit schwarzem Samt bezogene Schaufeln vor die Notausgangslichter. Der Aufwand jedoch lohnt. Wie der Dichter Henri Michaux 1972 schrieb: *... angekommen im Dunkeln. Das Dunkel führt uns zum Grund, zum Ursprung.*[15]

14 – Joëlle Gayot/Joël Pommerat, op. cit., S. 35, 37.
15 – Henri Michaux, Oeuvres complètes III, Paris 2004.

Ein hochrationaler Topmanager wird plötzlich abergläubisch. Seine hochrationale ehrgeizige Frau steigt darauf ein. *Schwarz.* Ein allseits beliebtes, weil allzeit ausbeutbares Mädchen für Alles in einem Supermarkt erfindet für sich in der Not ein ultrabrutales Bruderdouble. *Schwarz.* Eine wunderschöne Meerjungfrau lässt sich, um dem Schönheitsideal ihres Geliebten zu genügen, chirurgisch ihren Schwanz entfernen. *Schwarz.* Ein aufrichtig engagierter Sozialarbeiter versucht, seine glücklich schwangere, leicht retardierte Klientin zur Abtreibung zu überreden und zerschellt daran. *Schwarz.*

Das jeweilige Verhalten charakterologisch zu begründen, zeigt uns Pommerat, greift zu kurz. Jeder von uns kann sich je nach konkreter Situation *so* verhalten oder auch *anders.* Je nach den zumeist komplexen Umständen reagieren wir *so* oder *anders*, und öfter, als uns lieb ist, anders als gedacht. Pommerat stößt einen auf diese zunächst unbehagliche Erkenntnis, die ich allerdings befreiend finde, zeigt sie doch, dass wir Möglichkeitswesen sind, die jederzeit nach dahin oder nach dorthin kippen können. Man muss aufmerksam sein, lernt man bei Pommerat.

Dabei erklärt er nichts. Er beschreibt nur unfassbar genau. *Erklärungen sind eigentlich Lügen*, sagt der deutsch-israelische Lacanianer Avi Rybnicki.[16] Wie sollte man die berühmten borromäischen Ringe auch erklären, die derart ineinander verschlungen sind, dass, löst man einen einzigen Ring aus der Verschlingung heraus, sich alle anderen Verbindungen ebenfalls lösen? Das eigentlich mathematische Problem wird ohne jede Psychologisierung zur emblematischen Figur des menschlichen Dramas. Dagegen setzt der zusehends von Knoten obsessierte Jacques Lacan die Fähigkeit jedes einzelnen Menschen, *in seinem Begehren nicht nachzugeben*, also Realität zu verändern mittels der eigenen Vorstellungskraft.

16 – Avi Rybnicki in: Menschenbilder, Ö1, Sendung vom 20. 12. 2015.

Und so anstrengungslos wie suggestiv macht Pommerat spürbar, dass die Realität nicht wegerklärbar ist, auch wenn und trotzdem sie durchaus sozio-historisch bedingt ist, und dass Fiktionen (selbstverständlich!) Realitäten schaffen. Bei Slavoj Žižek, seines Zeichens auch Lacanianer, heißt es: *Jenseits der Fiktion der Realität gibt es die Realität der Fiktion.*[17]
Claudie, die Erzählerin in Pommerats *Mein Kühlraum*, sagt: *... alles im Leben ist Fiktion. Ja, ich kann es nicht besser ausdrücken. Alles ist Fiktion. Es ist nicht leicht, sich im Nachhinein in der Vielzahl der Realitäten zurecht zu finden ...*[18]

Die engste und seine Arbeit unmittelbar beeinflussende geistige Beziehung unterhält Pommerat aber zum Denken des im deutschen Sprachraum noch immer kaum bekannten, weil noch nicht übersetzten Philosophen François Flahault, der allerdings auch in Frankreich eher ein Geheimtipp ist, weil er die Medien meidet.[19] Den Hinweis auf Flahault bekam Pommerat von seiner Schauspielerin Marie Piemontese. Seine anschließende Lektüre von *Das Robinsonparadox. Kapitalismus und Gesellschaft* und von *Das Gefühl, zu existieren. Dieses Selbst, das sich nicht von selbst versteht* hatte auf ihn nachgerade kathartische Wirkung. Joël leuchtet schier, wenn er davon erzählt. Flahault habe seine noch konfusen Intuitionen geordnet und Knoten gelöst.

François Flahault ist in der Tat ein leiser Revolutionär, der die Aufklärung unter Einbeziehung der neuesten Erkenntnisse aus den Neurowissenschaften, der Genetik, der Anthropologie und der Ethnologie vom Kopf auf die Beine stellt. Er dekonstruiert das westliche Menschenbild, das er *prometheisch* nennt, und stellt lapidar fest, dass die Gesell-

17 – Slavoj Žižek, Weniger als Nichts, Frankfurt 2014.
18 – Joël Pommerat, Ma chambre froide, Arles 2011.
19 – François Flahault hat vor etwa drei Jahren mit fast fünfzig anderen Denkerinnen und Denkern die Gruppe der Konvivialisten gegründet. Insofern fanden seine Gedanken Eingang in das Konvivialistische Manifest. Für eine neue Kunst des Zusammenlebens, Bielefeld 2014.

schaft dem Individuum vorangeht, die Koexistenz der Existenz eines Selbst. Hier eine Kostprobe:

Jede Kultur etabliert auf ihre je eigene Art Kompromisse zwischen Ideal und Realität. Diesbezüglich hat sich die westliche Kultur die Latte sichtlich sehr hoch gelegt – auch wenn sie glaubt, realistischer zu sein, hält sich in ihr möglicherweise ein irrationaler Grund. Unsterblich sein wie ein Gott, das allein könnte den Skandal beheben, sterben zu müssen wie ein Tier; aber ist das nicht eine übertriebene Hoffnung? Also kämpfen wir besser gegen Ungerechtigkeit und Unterdrückung, schaffen den neuen Menschen, schreiten zur Revolution. Und dann wird es immer schwieriger, auch an dieses Ideal zu glauben. Lenken wir also unser Engagement auf Demokratie und Menschenrechte (und tun so, als ob Macht- und Herrschaftsverhältnisse ab nun der Vergangenheit angehörten). Durch diese strategische Anpassung hält sich das westliche Ideal der Emanzipation des Individuums immer frisch dazu bereit, seine Wahrheit der ganzen Welt zu verkünden. Sicher wurde sein titanischer Anspruch durch die schrecklichen Ereignisse, die das 20. Jahrhundert gekennzeichnet haben, erschüttert. Doch der Leitgedanke bleibt auf jeden Fall: Be yourself! Werde was du bist!
Die Freiheit, man selbst zu sein; Gerechtigkeit; Demokratie; Menschenrechte: Das Ideal der Emanzipation ist der große Stolz der westlichen Kultur. Dieser Stolz ist sicher gerechtfertigt, besonders wenn dieses Ideal dazu ermuntert, sich um die Anderen zu kümmern und für das Wohl der Allgemeinheit großzügig zu handeln. Aber er darf uns nicht daran hindern, zu sehen, dass der westliche Diskurs der Emanzipation des Individuums immer mehr einer sich im Kreis drehenden Rhetorik ähnelt und immer weniger einer Vision des Individuums und der Gesellschaft, die auf die Realität und die Zukunft verweist. Ein Zeichen dafür ist, dass sich unter Überzeugungen, die

sich aus gutem Grund halten, falsche Selbstverständlichkeiten mischen, für die nur die Macht einer langen Tradition spricht. Es ist also an der Zeit, sich zu fragen, ob das Menschenbild, das dem Ideal der Emanzipation zugrunde liegt, wirklich dem entspricht, was wir sind, und ob sich nicht insgeheim in dem einfachen Wunsch, man selbst zu sein, der Wunsch versteckt, mehr zu sein, als man ist.

Eine der als Selbstverständlichkeit vorausgesetzten Überzeugungen des emanzipatorischen Ideals ist, dass jedes Individuum sein je eigenes Wesen, einen Kern, ein nicht reduzierbares Sein in sich trägt, und dass es für die vollkommene Entfaltung des Individuums nur einer Gesellschaft bedarf, die es diesem erlaubt, sich auszudrücken und anerkannt zu werden.

Es handelt sich hier um Grundannahmen, die anscheinend gleichermaßen geteilt werden von fortschrittlichen Gläubigen wie von atheistischen Humanisten. Also ist es verlockend, darin ein neutrales Erbe jenseits religiöser oder materialistisch-marxistischer Dogmatismen zu sehen. So sind alle geladen, sich versöhnlich um die moderne Vorstellung des Individuums und der damit verbundenen (spirituell-moralisch-humanistischen) „Werte" zu scharen: Die westliche Kultur bleibt in dieser Hinsicht überzeugt von ihrer universellen Gültigkeit. Dieser beruhigende Standpunkt entspricht dem Zeitgeist. Er sagt vielen zu und wird dies noch des Längeren tun. Und dennoch ist er fortschrittlich nur im Vergleich mit Fanatismus und Obskurantismus, die es natürlich weiterhin zu bekämpfen gilt. Er hält sich für fähig, den Mittelweg zu ermöglichen zwischen den verkürzenden Vereinfachungen des Materialismus und den Glaubensgebäuden, die im Spiritualismus und Idealismus mündeten. Aber in Wirklichkeit hat er keinerlei intellektuelle Zukunft vor sich: Wie Brackwasser trübt er den Blick darauf, wie schwierig es ist, einen Ausweg aus der Sackgasse zu finden. Daher diese Phase der Ruhe, um nicht zu sagen des Konservatismus, die das intellektuelle Leben heute bestimmt. Eine Periode der Restauration.

Wenn sich diese Phase in die Länge zieht, dann weil sich der Preis für eine Erneuerung der Ideen als höher erweist als gedacht: Die moderne Vorstellung des Individuums bedarf einer grundlegenden Revision. Doch wir hängen an ihr aus gutem Grund, ist sie doch verheißungsvoll für alle, die die Freiheit lieben. Und dennoch kristallisiert sich immer mehr heraus, dass irgendetwas an dieser Vorstellung einfach nicht stimmt.[20]

Angeblich leben wir in einer postideologischen Zeit. Angeblich handeln wir alle Adam Smith gemäß rational, im Sinne einer Genuss- und Profitmaximierung für jede_n. Warum aber genehmigen dann ohnehin höchstbezahlte Topmanager ihren Dealern Transaktionen, die ihre *Too-big-to-fail*-Unternehmen an den Rand des Untergangs bringen? Der Chef der *Société Générale* sagte vor Gericht aus, er habe alles unterschrieben, ohne es verstanden zu haben, weil er vor seinen Peers nicht als Feigling dastehen wollte. Mathematiker aus Oxford haben nachgewiesen, dass die prognostische Trefferquote von so genannten „Wirtschaftswissenschaftlern" weit hinter der Quote des banalen Würfelns zurückbleibt. Dennoch werden eben diese Wirtschaftswissenschaftler nach wie vor allenthalben, sprich sowohl im privaten als auch im öffentlichen Sektor, zu Topgagen engagiert. Flahault vergleicht wissenschaftlich streng aktuelle Texte dieser Ökonomen mit theologischen Streitschriften aus dem Mittelalter. Die dadurch sichtbar werdenden Parallelen zwischen damals und heute sind durchaus schockierend. – Und nach Rezeption dieser Erkenntnisse taucht in Pommerats *Kreise/Visionen* plötzlich ein Ritter auf.

20 – François Flahault, Le sentiment d'exister, Descartes & Cie, Paris 2002 (communication@editions-descartes.fr). Hier die Seiten 45-47 deutsch von Elisabeth Brunmayr und Gerhard Willert.

Die Wirkung der Flahault-Lektüre auf Pommerat ist jedenfalls durchaus vergleichbar mit der berühmten Kant-Krise des Heinrich von Kleist, und sie hatte unmittelbare Folgen auf die Stücke, die direkt danach entstanden, auf *Ich zittere (1 und 2)* und auf *Kreise/Visionen*. Die Spuren der Erkenntnis, dass das *Gefühl zu existieren* nicht selbstverständlich, sondern vielmehr äußerst fragil ist und der andauernden Bestätigung durch die Anderen bedarf, ist darin omnipräsent. In beiden Stücken gibt es auf je sehr unterschiedliche Weise die Figur eines Conférenciers. Ich zitiere hier den Conférencier aus *Kreise/Visionen*:

DER CONFERENCIER
Nun, meine Damen, meine Herren,
(...)
heute Abend
sind wir nicht hier
um uns anzustrengen
wir sind hier, um uns zu entspannen
und uns die Zeit zu vertreiben
und mehr nicht
uns die Zeit zu vertreiben mit einem Spiel
einem Spiel, das wie heißt?
Das ...
... Unendlichkeitsspiel!
Unendlichkeit, ja ...
(...)
Natürlich gibt es, um mitzuspielen bei diesem Spiel, eine Regel!
Aber diese Regel ist kinderleicht!
Man muss ... GLAUBEN ...
Ja, einfach GLAUBEN.
Glauben an etwas sehr Besonderes
das Ihnen dennoch sehr vertraut ist.
Ja ...
GLAUBEN ... AN SICH ...

GLAUBEN AN SICH SELBST, meine Damen und Herren.
Früher hatten Sie nur den Einen und Einzigen GOTT, an den Sie glaubten, auf den Sie hofften.
Ich schlage Ihnen jetzt einen anderen vor, der ihn ersetzt.
Einen verständnisvolleren, einen freundlicheren GOTT:
Ja
SIE SELBST
Ja
das also schlage ich Ihnen vor,
heute Abend, mit diesem Spiel, meine Damen und Herren:
WERDEN Sie Ihr EIGENER GOTT!
(...)
Schwarz.[21]

Ich suche die Wirklichkeit. Nicht die Wahrheit, wird Joël Pommerat nicht müde zu betonen.[22]

Ich bin süchtig nach dieser Haltung.

Nachtrag für Gourmets: Pommerat kommt aus der Stadt Roanne in der Mitte von Frankreich. Das Städtchen mit kaum 40.000 Einwohnern ist eigentlich nur berühmt für das *Troisgros*, das einzige Restaurant Frankreichs, das seit den sechziger Jahren im *Michelin* durchgehend drei Sterne hat. Nachdem ich mich mit Joël angefreundet hatte, wollte ich seine Heimatstadt sehen und hatte damit gleichzeitig eine wunderbare Begründung, im *Troisgros* essen zu gehen. Ich pilotierte also mit meiner Frau – der Bühnen- und Kostümbildnerin Alexandra Pitz – an meiner Seite unseren Peugeot durch die Peripherie von Roanne, die uns ob ihrer verblüffend geschlossenen 60er-Jahre-Modernität an irgendetwas erinnerte, was wir nicht fassen konnten. Im *Troisgros* angekommen, fragte uns der

21 – Joël Pommerat, Cercles/Fictions, Arles 2010. (Deutsche Übersetzung: Kreise/Visionen, Gifkendorf 2015.)
22 – Joëlle Gayot/Joël Pommerat, op. cit., S. 10.

Chef, warum wir bei ihm essen würden. Wir antworteten ihm, um den großen Sohn der Stadt Joël Pommerat zu ehren. Er erwiderte, dass Pierre Boulez aber schon auch daher komme, und bitteschön auch Jacques Tati. Tati! Playtime! Die geniale Architekturpersiflage von Tatis Film war also nicht zuletzt eine Polemik gegen die real existierende hochmodernistische Baukultur seiner Heimatstadt! Wir konnten uns eines wissenschaftlich natürlich unhaltbaren Gedankens nicht erwehren: Die formale Kühnheit eines Pierre Boulez im Umgang mit Traditionen, der lakonische, präzise Humor Jacques Tatis mit seinem gnadenlosen Blick auf die Verkrümmungen des Menschen in der Moderne, die höchst sinnliche und bei allem Zauber immer elegante Kulinarik des *Troisgros* ... all das ließe sich als „Roanner Erbe" im Werk von Pommerat betrachten ...

Die Zitate aus den französischen Buchausgaben und Manuskripten wurden vom Autor ins Deutsche übersetzt. Wir danken den Verlagen Actes Sud und Descartes & Cie für die freundliche Genehmigung des Abdrucks.

Joël Pommerat (* 1963) wurde mit 18 Jahren Schauspieler und begann mit 23 Jahren regelmäßig zu schreiben.
1990 wurde sein erstes Stück, der Theatermonolog „Le Chemin de Dakar", am Pariser Théâtre Clavel uraufgeführt. In diesem Kontext gründete er die Compagnie Louis Brouillard. Die nachfolgenden Stücke wurden am Théâtre de la Main d'Or in Paris aufgeführt. Seit dieser Zeit entwickelt Pommerat seine Stücktexte oftmals zusammen mit den Schauspielern während der Proben. Sich selbst definiert er dabei als Autor der Aufführung („auteur de spectacle") und die Mitglieder seiner Compagnie als Mitautoren. 1995 inszenierte er das Stück „Pôles" am Theater Les Fédérés in Montluçon – der erste Text, den der Autor zur Publikation freigab. Nach der Uraufführung von „Treize étroites têtes" in Montluçon beschäftigte sich Pommerat drei Jahre lang ausschließlich mit dem Medium Film und schuf mehrere Kurzfilme. 1998 schrieb er im Auftrag von France Culture das Hörspiel „Les enfants". Danach wandte er sich wieder dem Theater zu. Die Uraufführung von „Au monde" 2004 am Théâtre National de Strasbourg zog eine Serie internationaler Gastspiele nach sich, die die Compagnie Louis Brouillard von Moskau bis nach New York führten. Von 2007 bis 2010 wurde Pommerat auf Einladung von Peter Brook Artist in Residence am Théâtre des Bouffes du Nord in Paris.
Seine Werke wurden u.a. mit dem Grand Prix de littérature dramatique, mit dem Prix Molière und dem Prix Beaumarchais ausgezeichnet. Das Festival d'Avignon präsentierte 2006 eine Werkschau seiner Inszenierungen.
In Deutschland waren die Produktionen seiner Compagnie Louis Brouillard regelmäßig auf den Festivals Neue Stücke aus Europa in Wiesbaden und Perspectives in Saarbrücken zu Gast. Pommerats Theaterstücke sind in Frankreich beim Verlag ACTES SUD erschienen. In Deutschland wird Joël Pommerat seit 2014 vom MERLIN VERLAG vertreten.

In der Reihe MERLIN THEATER erschienen:

Carles Batlle
KAMPF. LANDSCHAFT DANACH
ISBN 978-3-87536-228-2

Carles Batlle
TRANSIT
ISBN 978-3-87536-257-2

Louis-Ferdinand Céline
DIE KIRCHE
ISBN 978-3-87536-009-7

Louis-Ferdinand Céline
FORTSCHRITT
ISBN 978-3-926112-57-6

John von Düffel
BORN IN THE R.A.F.
ISBN 978-3-926112-85-9

John von Düffel
DIE UNBEKANNTE MIT DEM FÖN
ISBN 978-3-926112-70-5

John von Düffel
OI
ISBN 978-3-926112-50-7

John von Düffel
RINDERWAHNSINN
ISBN 978-3-926112-84-2

MERLIN VERLAG
21397 Gifkendorf Nr. 38

In der Reihe MERLIN THEATER erschienen:

John von Düffel
SOLINGEN
ISBN 978-3-926112-59-0

Jean Genet
DRAMEN I, WERKE IN EINZELBÄNDEN BD. VIII
ISBN 978-3-87536-278-7

Jean Genet
DER BALKON
ISBN 978-3-926112-88-0

Jean Genet
DIE WÄNDE
ISBN 978-3-87536-243-5

Jean Genet
DIE ZOFEN
ISBN 978-3-87536-200-8

Johannes Grützke
IM WATT
ISBN 978-3-87536-116-2

Johannes Grützke / Jan Peter Tripp / Arno Waldschmidt
PANTALON OUVERT
ISBN 978-3-87536-117-9

Janosch
RESTAURANT & MUTTERGLÜCK
ISBN 978-3-926112-79-8

MERLIN VERLAG
21397 Gifkendorf Nr. 38

In der Reihe MERLIN THEATER erschienen:

Andreas Laudert
AUF SCHÄDELHÖHEN
ISBN 978-3-926112-93-4

Marie NDiaye
HILDA
ISBN 978-3-87536-233-6

Francisco Nieva
WOLFSBRÄUTE
ISBN 978-3-926112-64-4

Joël Pommerat
LA RÉVOLUTION #1 – WIR SCHAFFEN DAS SCHON
ISBN 978-3-87536-326-5

Olivier Py
DIE SONNE
ISBN 978-3-87536-297-8

Olivier Py
DIE FEIER DES LABYRINTHS & THEATER'
ISBN 978-3-87536-239-8

Thilo Reffert
HELLAS SONNTAG
ISBN 978-3-87536-223-7

Eugen Ruge
IN ZEITEN DES ABNEHMENDEN LICHTS
ISBN 978-3-87536-304-2

MERLIN VERLAG
21397 Gifkendorf Nr. 38

Titel des Französischen Originals:
La Réunification des deux Corées

Satz: Merlin Verlag
Buchumschlag: Merlin Verlag, unter Verwendung einer Fotografie von Julien Weber, Paris.

Gesamtherstellung: Beltz Bad Langensalza GmbH, Bad Langensalza

2. Auflage, Gifkendorf 2020
im 63. Jahr des Merlin Verlages

ISBN 978-3-87536-320-3
www.merlin-verlag.de